教育を変える挑戦

9歳で突然父を亡くし新聞配達少年から文科大臣に

文部科学大臣
下村博文

海竜社

はじめに
夢と希望、そして志があれば、どんな逆境も乗り越えていける！

今回、これからの日本の教育ビジョンや日本が進むべき方向性、二〇二〇年をターゲットイヤーとする取り組み、現在進めている教育大改革などについて一冊の本にまとめる機会を得た。

前半部では、第一次安倍内閣で官房副長官を務めた経験から始めて、私の半生ならびに政治家としての歩みを振り返った。四年前に著した『下村博文の教育立国論』と一部重なるところもあるが、少年時代や若い頃のことで前著に書いていないこともかなり盛り込んだつもりである。

胃がんに罹《かか》ったことは今回初めてカミングアウトした。私をよく知る人たちも、本書を読んでビックリされるのではないかと思う。

私の半生には触れないで、教育や日本再生の方策について思う存分書くという方法もあったかもしれない。だが、私はその方法をとらなかった。改めて私自身のこれまでの歩みを整理して、小さい頃のことから書いてみた。そうしたのには理由がある。

海外に出てみると、国内における日本人の心象風景と外から見た日本に対するイメージがあまりにも違っていて、驚かされることがある。文部科学大臣になってからでも海外には一二回行った。特に東南アジア諸国においては、日本に対する憧れや期待感は非常に強いものがある。しかし公務を終えて国内に戻ってみると、その都度、諸外国の人たちが感じている日本の良さ、素晴らしさを一人ひとりの日本人は深く意識することもなく、かえって悲観論に陥っている人が多いのが現状である。

長く続いたデフレなどいろいろな要因があると思うが、「夢や志を持って生きよう」という前向きな精神がすたれ、日本社会全体を閉塞感が覆っているような気がしてならない。

それでも、日本は3・11東日本大震災を経てもう一度、人の和や絆の価値を噛《か》みしめ、何とかしてこの国を立て直していきたいという思いに目覚め始めている。特に被災地を訪ねたときにそのことを強く感じる。重たい現実に押しつぶされまいと懸命に生きている子供たちの姿に胸を打たれることも多い。今の日本人に必要なのは、どんな困難であっても、それに負けずに乗り越えようという強い意志と志ではないだろうか。

私の半生を振り返ってみると、その時々に悲惨な目に遭ったり、困難な状況に突き当たったりしてきたが、将来に対して夢と希望を持って生きていこうというその思いがあったからこそ今があると思っている。

私は二世、三世の政治家ではない。選挙地盤も東京都板橋区で、故郷の群馬県高崎市とは違う。小学生の時から政治家を志し、裸一貫、何もないところから身を起こして、志を遂げるために邁進《まいしん》してきた。その間の試行錯誤、成功と挫折の体験を、本書はありのままに綴っている。

私自身がそうであったように、夢と希望、そして志があれば、どんな逆境に置かれようとも必ず乗り越えていける。私はこの思いをできるだけ多くの人と分かち合い、厚い雲のように垂れ込めた日本社会の閉塞感を吹き飛ばしたいのである。

本書を通じて、人間・下村博文がこれまでどう生きてきたか、また政治家としてどんな信念・ビジョンを持っているかを多くの人に知っていただき、困難な状況に立ち至っているこの国にあって、それぞれの持ち場で日本を立て直していこう、より価値ある人生を切り開いていこうと一人でも多くの方が思って下されば幸いである。

目次

第二章　政治家を志す

第三章 教育への覚醒《めざ》め

第四章　政界への進出

第五章　世界一やりがいのある仕事

第六章　人を育てる教育

第七章　日本再生の起爆剤・東京オリンピック

第八章　教育立国のグランドデザインを描く

装丁……………三村　淳
本文写真………共同通信社
時事通信社
産業経済新聞社
編集協力………渡邊　茂

第一章　悔いのない人生を生きる

入院中のベッドの上で私は、
「日々充実した、いつ死んでもいいような、
悔いのない人生を生きよう」と誓った。

第一次安倍政権で官邸入り

今から七年前のことである。第一次安倍《あべ》内閣が発足して半年ほどが経ち、私は内閣官房副長官として安倍政権を支えるべく連日の激務をこなしていた。

激務といっても、つらいとか苦しいと思ったことはない。当時五二歳。まだ若かった。もちろん今でも十分若いと思っているが、七〇歳前後でも現役で活躍されている方の多い永田町では、五〇代は働き盛りの壮年である。

安倍総理と私は、年も同じで、共に清和研に所属し、思想・信条も近かった。安倍さんが総理になる前、自民党の幹事長だったとき、私は副幹事長として一緒に汗をかいた仲である。その時も含めて、安倍さんとはずっと同志、盟友として行動を共にしてきたから、政権発足に伴う私の官邸入りは自他共に認める人事であったと自負している。

大臣になり、閣僚として腕を振るいたいという気持ちは、まだあまりなかった。それよりも官邸で総理のそばで仕事をしたいという思いの方が強かった。

内閣の発足が平成一八（二〇〇六）年九月二六日。その日を皮切りに、塩崎《しおざき》官房長官が総理の女房役ならば、私は総理の右腕になったつもりで、政権の中枢にあって内政・外交

第一次安倍政権時代の筆者と安倍総理（2006年）

上のさまざまな案件や国会対応に取り組んだ。安倍総理同様、ほとんど休む間もなく突っ走っていたような気がする。

年が明けて冬の寒さが薄らいできた頃、胃がきりきりと痛み始めた。健康には人一倍自信があったし、特に疲れを感じていたわけでもないのに、やたらと胃が痛むのだ。「戦後レジーム（体制）からの脱却」を掲げ、戦後政治のタブーとなっている憲法改正に着手しようとした第一次安倍政権は、護憲派が多数を占めるマスコミの厳しい批判にさらされていた。

「自分でも気づかないうちにストレスがたまっているのかな？」

漠然とそんなことを考えながら、念のため医者に診てもらうことにした。

突然の胃がん宣告

国会議事堂の中に医務室がある。そこで毎年一回、国会議員の希望者を対象に健康診断を行っている。

平成一九（二〇〇七）年三月のある日、朝から医務室に出向いた私は、胃の痛みを気にしながら健康診断を受けた。採尿して身長、体重、血圧を測り、血液検査、肺の検査、胃の検査と順々に受けていった。人間ドックのような本格的なものではなく、いずれもごく基本的な検診である。

経験された方はお分かりだろうが、最後の胃のエックス線検査はなかなか面倒である。まず白い粘土のようなバリウムをコップ一杯飲む。それから平らな台の上で体を右に向けたり、左に向けたり、仰向けからうつぶせになったりと、診療放射線技師の指示に従ってめまぐるしく体を動かさなくてはならない。

一通り検査メニューをこなして、やれやれと思いながら医師の説明を聞いた。

「下村さん、胃に影があるのが気になりますね。ちゃんと精密検査してもらったほうがいいですよ」

「胃に影?」

その時は、それが自分の政治生命はおろか、生命さえ奪いかねない危険な病であるとは思いもよらなかった。だいぶ前に胃炎にかかったことがあったから、「ぶり返したのかな?」と思っただけである。

バリウムだけでははっきりしたことは分からないということで、日を改めて専門の医療機関を受診することにした。

精密検査の結果によると、痛みの正体はがん、それも胃の四分の三の切除を要するというシビアな診断であった。

「手遅れにならないうちに入院したほうがいい」

時あたかも通常国会の真っ只中、閣僚の不用意な発言や事務所費問題が批判の集中砲火を浴びていた頃である。

社会保険庁のずさんな管理・事務処理による年金記録問題も、安倍政権を揺るがす大問題となりつつあった。

「総理を支える立場の私がここで〝戦線離脱〟をしたら、いったい何のために官房副長官になったのか分からないではないか。かといって、胃がんを放置すれば命にかかわる」

私は窮地に陥った。

国民の大きな期待の中で誕生した第一次安倍政権

六五%、六三%、七〇・三%、七一%――。

第一次安倍内閣がスタートしたときの内閣支持率である（順に共同、朝日、読売、日経）。当時、安倍総理に対する国民の期待は非常に大きなものがあった。それにはいろいろな理由があったと思う。それまで北朝鮮による拉致《らち》事件の解決に積極的に取り組んできたこと、直前に出版した著書『美しい国へ』（文藝春秋）がベストセラーになり、憲法改正や教育基本法改正、自虐史観の克服、日米同盟と防衛力の強化など保守主義的な信念が幅広い層に受け入れられたこと、官邸主導で教育再生に取り組むと表明したこと、そして小泉《こいずみ》内閣の国民的人気を受け継いだことも高い内閣支持率につながった。「安倍さんなら靖国神社参拝を継続してくれる」という自民党支持層からの信頼も絶大であった。

私自身、政権発足前夜、国民の熱い期待を直接、肌に感じたことが何度もある。たとえば、二〇〇六年八月二九日、都内で開催された「立ち上がれ！日本」ネットワークの緊急シンポジウムには、四〇〇名近い人たちが押し寄せてきた。立ち見であふれたビルの一室の会場は、聴衆の熱気でむせかえっていた。国会議員の出席者は、私と山谷《やまたに》えり子参院議員、稲田朋美《いなだともみ》衆院議員の三名。小泉チルドレンと見られていた稲田さんが、郵政選挙の折、実は安倍さんに口説かれて出馬を決めたことを明かすと会場はどっと沸いた。山谷さんは「ジェンダーフリー教育」や「ゆとり教育」是正の意気込みを語り、私は来るべき安倍政権の政策課題を一つ一つ挙げて決意表明を行った。

国民の期待が大きいということで、我々は大いに張り切ったものである。安倍総理は年齢的にも若かったから、これはもう六年間の長期政権になるだろうと予想された。翌年夏の参院選に勝てば、衆参両院を押さえて政権基盤は磐石《ばんじゃく》になる。六年の間にドラスチックにこの国を変えていこうと決意したのである。

憲法改正も当然、視野に入っていた。現行憲法は、アメリカの占領下でGHQ（連合国軍総司令部）がたった一週間ほどで作成した草案が元になっている。日本国の主権がなかった時代に無理やり押し付けられたもので、日本国民自身の手で主体的に作ったものではない。主権国家として当然持つべき自衛権や軍隊についての明確な規定がなく、特に九条二項は「陸海空軍その他の戦力は、これを保持しない」という極めて無責任で非現実的な条文になっている。前文の「平和を愛する諸国民の公正と信義に信頼して、われらの安全と生存を保持しようと決意した」というくだりも、周辺国の軍事的脅威にさらされているわが国の現状とはかけ離れている。

国家・国民にとってプラスにならない条文や文言は、やはり変えていくべきだろう。憲法改正の発議のためには、衆参両院で総議員の三分の二以上の賛成を得る必要がある。それが簡単でないことは事実であるが、六年あればできないことはないだろうと考えていた。

老壮青のバランスのとれた堂々たる陣容

第一次安倍内閣の陣容は堂々たるものだったと思う。安倍総理は重要閣僚に尾身幸次《おみこうじ》氏や長勢甚遠《ながせじんえん》氏、柳澤伯夫《やなぎさわはくお》氏、伊吹文明《いぶきぶんめい》氏らベテラン議員を据え、外務大臣に自民党総裁選で総裁の座を争った麻生太郎《あそうたろう》氏を起用した。

官邸人事では、政策通で知られる塩崎恭久《やすひさ》氏が内閣官房長官に就任、政務担当の官房副長官に私と鈴木政二《すずきせいじ》氏が就いた。私が衆院枠、鈴木さんは小泉内閣からの再任で参院枠である。

主に省庁間調整を行う事務担当の官房副長官は、官僚機構のトップでもある。この重要な役職には、民間に十数年いた当時七二歳の元大蔵官僚、的場順三《まとばじゅんぞう》氏が就いた。これは従来の慣例にとらわれない型破りの人事であっただろう。

また安倍総理は、官邸主導、政治主導でスピーディーに政策を実行していくため五名の

老壮青のバランスのとれた第一次安倍内閣（2006年）
後列右から３人目が筆者

総理補佐官を置いた。経済財政担当・根《ね》本匠《もとたくみ》、広報担当・世耕弘成《せこうひろしげ》、拉致問題担当・中山恭子《なかやまきょうこ》、教育再生担当・山谷えり子、国家安全保障担当・小池百合子《こいけゆりこ》の各氏である。今から振り返ってみても、錚々《そうそう》たる顔ぶれと言ってよいのではないか。

　こうしてみると、まさに「老壮青のバランスのとれたチーム」（安倍総理）であり、小泉流のサプライズはないかもしれないが、きっちり仕事をして成果を出す実務型内閣であったことが分かる。

　ところが、まったく意外なことに、マスコミ報道では「お友達内閣」「仲良しの登用」という批判を受けたのである。「学園祭内閣」と書いた新聞まであった。まるで気心の知れた仲間だけでサークル活動でもやっているような書きぶりである。

一つ一つ実績を積んでいくしかない、好きなように言わせておけばよいと思った。我々の仕事はマスコミに奉仕することではなく、国民に奉仕することである。世論調査での支持率は高かったが、マスコミの論調は総じて辛口で冷ややかであった。

教育基本法改正をやり遂げる

第一次安倍内閣は、結果的に短命に終わったけれども、防衛庁の省昇格や国民投票法の制定をはじめ多くの特筆すべき成果を残している。これは決して自分が官邸にいたから自画自賛で言うのではない。客観的な目で見てそう評価できると私は思っている。

中でも教育基本法の改正は歴史に残る偉業であった。

実は、これには長い前史がある。出発点となったのは、改正に意欲的だった中曽根康弘《なかそねやすひろ》内閣である。ただ、鳴り物入りで始まった「臨時教育審議会」（臨教審）は、教育基本法にメスを入れることができなかった。

その十数年後、平成一二（二〇〇〇）年一二月に、小渕恵三《おぶちけいぞう》内閣の「教育改革国民会議」が教育基本法見直しの提言を森喜朗《もりよしろう》内閣に提出した。森総理は提言を前向きに受け止め、ここで初めて基本法改正が現実の政治課題として浮上した。二一世紀に入り、ようやく改正が現実味を帯びたのである。

小泉内閣になって、文科省の中央教育審議会（中教審）が基本法の改正を答申する。これを受けて、自民・公明両党が「与党教育基本法に関する協議会」を設置して法案づくりに入った。政府案が閣議決定されたのは小泉内閣も終盤に近づいた二〇〇六年四月のことである。

こうした動きとは別に、超党派の国会議員からなる「教育基本法改正促進委員会」（最高顧問は自民党・森喜朗、民主党・西岡武夫《にしおかたけお》の両氏、委員長は国民新党・亀井郁夫《かめいいくお》氏）が「民間教育臨調」（会長は西澤潤一《にしざわじゅんいち》氏）などと協力して独自の改正案を作成し、政府案に反映させようと努力していた。私はこの超党派議連で議連の委員長代理と起草委員会委員長を拝命した。

この時、教育基本法の何が問題なのか、どこをどう変えるべきか、望ましい条文はどういうものかについて、私は仲間たちと忌憚《きたん》のない議論を戦わせ、とことん考え抜いた。

旧教育基本法は、敗戦後の占領期にＧＨＱの指導の下で作られたものだ。そこには日本固有の教育観がない。改正を主張する我々に対して「戦前への復古だ」などと批判する人もいたが、まったく違う。日本という国の教育基本法なのだから、日本人のあるべき姿や形、それを教育としてどう生かすかといった日本独自の個性を明文化するのは当然のことだろう。今の時代、国際人となっていくためにも、日本人のアイデンティティーを育《はぐく》むことは必須の課題である。

本音を言えば、この超党派議連の法案の方が良かったと思う。残念だが、政治にはどうしても駆け引きや妥協が付きまとう。我々が準備した法案の一部は政府案に取り入れられたものの、一部は却下されてしまった。

教育基本法はどう変わったのか?

それでも改正教育基本法には、ざっと列記しただけでも、次のような新しい内容が盛り込まれた。

①伝統・文化の尊重、我が国と郷土を愛する態度を養う(前文、第二条)
②豊かな情操と道徳心を培《つちか》う(第二条)
③公共の精神(前文、第二条)
④教員の養成・研修の充実をはかる(第九条)

⑤父母や保護者は子の教育に第一義的責任を負う（第一〇条）
⑥宗教に関する一般的教養を尊重（第一五条）
⑦教育は、不当な支配に服することなく、法律の定めるところにより行われる（第一六条）

どれをとってももっともな内容である。これは逆に言えば、旧教育基本法には欠陥があったことの証明でもあろう。

郷土や国を愛し、誇りに思う心を育み、日本人であることの自覚を促す教育が必要である。ところが、「伝統の尊重」という文言はかつてGHQによって削除を命じられ、旧教育基本法には入れられなかった。今回、この言葉が明記されたことの意義は大きい。

新たに「豊かな情操と道徳心を培う」が入ったことで、公教育できちんと道徳教育を行うことができるようになった。

また「公共の精神」が入ったことで、これまで「個の尊重」ということで、ややもすると自分さえよければいいという風潮やわがまま・放縦《ほうじゅう》に流れていたのを改めることができる。「個の尊重」それ自体は当然のことで、私は「強い個人」「自立した個人」でなければならないと思う。だが、それは自分勝手とは違うはずだ。これからは、子供たち一人ひとりに自分の属する社会や共同体への責任意識、より良い社会・共同体を作っていこうという自覚が求められる。

教育行政のところでは、従来、「不当な支配に服することなく」という文言の拡大解釈により、行政は教育内容に関与できないものとされ、一部の教員によるイデオロギー教育や反日教育を許してきた。もうそんなことはできないし、させない。この文言そのものは残ってしまったが、教育は「法律の定めるところにより行われる」と明記されたことで、偏向教育は排除できるはずだ。

要するに、教育基本法の改正は、わが国の教育にとって画期的な意味を持つと言いたいのである。

「改悪だ」の猛反発にも動じない

二〇〇六年九月末から始まった臨時国会で、安倍内閣は「教育基本法に関する特別委員会」を設け、長い時間をかけて審議を尽くした。

一部の教職員組合や教育団体、教育学者などは、改正ではなく「改悪」だと猛反発した。特に日教組（日本教職員組合）の反対はすさまじかった。彼らは改正阻止に向けて「非常事態」を宣言し、四月から一〇月までに延べ一万五〇〇〇人の組合員を動員して度々国会前のデモ行進や抗議集会を行った。改正反対の政治運動のために実に三億円もの資金を投じたということである（産経新聞二〇〇六年一一月二五日付）。

しかし安倍政権は少しも動じなかった。すでに見たような内容に改めることが改悪であるはずがないからだ。国民世論の支持も我々を後押ししてくれた。

民主党が改正の旗幟《きし》を鮮明にしていたことも大きかったと思う。つまり、改正それ自体には反対しないということだ。民主党は独自に「日本国教育基本法案」をまとめ上げ、「教育基本法は廃止する。六〇年ぶりに教育基本法を新たに創る」と謳《うた》っていた。ある意味では、自民党よりもラディカルな考え方である。教条的な改正反対運動は、もはや意味を失っていたのだ。

法案は衆議院を経て一二月一五日に参議院で可決され、年の瀬も押し迫った二二日に公布・施行された。

基本法改正を果たすと、安倍政権は間髪入れずに教育三法の改正に動いた。教育基本法は教育関連法規の大本であるが、それを改めたからといって教育現場にすぐに効果が及ぶわけではない。新法の趣旨を実効あるものにするには、あらゆる教育法規を新教育基本法の観点から改めていかなくてはならない。

そのための第一歩が教育三法、すなわち学校教育法、教育職員免許法、地教行法（地方教育行政の組織及び運営に関する法律）の改正であった。

そしてこの教育三法の改正を、翌年の一月二四日という絶好のタイミングで提言したのが「教育再生会議」である。

教育再生会議を立ち上げる

官房副長官の役目は総理と官房長官をサポートすることだ。仕事は山のようにあり、その内容も多岐にわたるが、私個人は前から「教育こそ我がライフワーク」と思って取り組んできたから、一番関心があったのは教育問題である。安倍総理の肝煎《きもい》りで内閣に教育再生会議が設置されると、教育に詳しいということで私がその担当になった。実務を担ったのは山谷えり子総理補佐官である。

私は教育再生会議が開かれるときは必ず参加して、水面下で政策づくりなどのコーディネートをした。

会議に出席する有識者は豪華メンバーだったと思う。

ノーベル化学賞受賞者の野依良治《のよりりょうじ》氏に座長をお願いし、担当室長には「ヤンキー先生」で知られる義家弘介《よしいえひろゆき》氏に就いていただいた。義家さんはその後、参院選に出て当選し、今

首相官邸で開催された教育再生会議の初会合（2006年）

は衆院議員に転じている。

それから、百マス計算で有名な陰山英男《かげやまひでお》氏、京都市教育委員会教育長（当時）の門川大作《かどかわだいさく》氏、現静岡県知事の川勝平太《かわかつへいた》氏、オリンピック銅メダリストの小谷実可子《こたにみかこ》さん、小宮山《こみやま》宏《ひろし》東大総長（当時）、障害児教育に詳しい品《しな》川裕香《がわゆか》さん、ユニークな英語教育で話題を集める国際教養大学の故・中嶋嶺雄《なかじまみねお》学長ほか華々しい顔ぶれである。

一月に提出された教育再生会議第一次報告は、題して「社会総がかりで教育再生を――公教育再生への第一歩」。タイトルには教育再生にかける意気込みが滲《にじ》み出ている。

中身も素晴らしいものだった。同報告は「ゆとり教育」の見直し、教育委員会の抜本的改革などを求めた「七つの提言」と、すぐに行うべき「四つの緊急対応」の二つから成る。安倍内閣はその年の通常国会で、直ちに「四つの緊急対応」の具体化に取りかかった。それが先に述べた教育三法の改正である。

教育三法はどう改正されたのか？

まず教育職員免許法を改正して、教員免許更新制を導入した。これは教員免許の一〇年ごとの更新を義務づけたものである。これにより、教員は一〇年ごとに大学で計三〇時間以上の講習を受け、修了認定試験に合格しなければ免許の更新ができなくなった。日教組などは、ただでさえ忙しい教員の負担が増えると反対したが、何も毎年やろうと言っているのではない。たかだか一〇年に一度のことである。その程度の負担を嫌がるようで、どうして教師の資質を磨き、伸ばすことができるだろう。更新制に反対するのは、甘え以外の何物でもないと思う。

学校教育法の改正では、校長中心の学校運営を支援するため、校長を補佐する「副校長」「主幹教諭」を置けるようにした。

地教行法の改正は、将来の教育委員会制度の抜本改革を見据えたものである。この時の改正で、文部科学大臣が教育委員会に対し「是正の要求」「指示」ができるようになった。

ここは説明が必要だろう。「それまでは是正指導できなかったのか？」と疑問に思う人がいても不思議はない。実は平成一一（一九九九）年七月、文部大臣（当時）の是正指導権を定めた地教行法第五二条が、地方分権を進めるという理由で削除されていたのである。地方分権の大義名分の下に文科省の権限が弱められたのだ。だが、都道府県や市町村の教育委員会が法令違反を犯しても文科省にそれを正す権限がないというのはおかしな話である。教育委員会の無責任体質を助長するだけだ。

法改正では、文科大臣の是正権限を復活させ、以前よりも明確な規定にした。これこそ、偏向・荒廃した教育現場を正常化させる上で、最後のよりどころ、切り札となる大事な権限である。（たとえば一九九八年五月、文部省は広島県教委に是正指導を行い、教職員組合、同和教育研究団体、運動団体などの教育現場への介入によって「不適切な人権教育・平和教育」が行われていたのを劇的に改善したことがある）

このように、安倍内閣は教育再生という課題に真っ向勝負を挑み、目に見える成果をあげたのだ。

それにもかかわらず、当時、安倍内閣の果敢なチャレンジは正当な評価を受けたとは言い難い。なぜならば、二〇〇六年の暮れあたりから、閣僚の不適切な発言やら事務所費問題やらが続出し、しかもそれがマスコミや野党の手で叩きに叩かれて、安倍内閣は得意の政策で勝負できなくなってしまったからだ。

講演で「女性は子供を産む機械」と発言してめった打ちのサンドバッグ状態になった柳澤伯夫厚労相は、辞任せず最後まで踏ん張っていた。しかし、内閣としてはわずか一年のうちに五人の閣僚が交代する異例の事態となった。

晴れのち曇りか雨ならばともかく、いきなり暴風雨に見舞われたようなものである。私自身も、一部の週刊誌から「塾業界からジャブジャブと献金をもらっている」などと顔写真入りで事実と異なる単なる誹謗《ひぼう》・中傷の記事を書かれたりした。マスコミは、安倍内閣関係者のスキャンダル探しに血眼になっていたようだ。

入院か？ 辞任か？

精密検査の結果を聞いて、私は悩みに悩んだ。政権の中枢に身を置く立場で、病気になったからといって「当分の間、失礼します。後はよろしく」などと言えるだろうか。代理がいるわけでもないのだ。政権運営が順調で、内外ともに目立った懸案もない時なら話は別だが、その頃は難問、難題が目白押しだった。一山越えれば落ち着くという見通しもなかった。七月の参院選に勝てば、がらりと局面が変わる可能性はある。だが、民主党は勢いづいており、参院選で自民党を勝たせまいと彼らも必死であった。

「この非常時に、入院などしている場合ではない」

これが差し当たっての結論である。

しばらく様子を見ることにしたわけだが、五月に入って知り合いの医師にセカンドオピニオンを求めることにした。

もう一度、胃カメラを飲んで調べてもらった。結果は、やはり切るしかないということだった。

「急いだほうがいい。リンパ節に転移したら一気に広がってしまう」

がんの進行度はステージⅠ。まだ初期段階であり、五年生存率は九〇パーセントほどある。それでも胃の四分の三も切除しなければならないのかと、私にとってはショックな宣告だった。

胃がんで四分の三ほど切るときは、約一カ月入院して、術後は少なくとも一、二カ月静養するのが普通だという。そんなに長く政務を離れるのなら、もはや官房副長官は辞めるしかない。しかし、当時の安倍内閣の置かれている状況を考えたら、到底辞めるわけにはいかない。ここで仕事を放り出せば、内閣にダメージを与えるだろう。それだけは避けなければならない。

年金記録問題への批判の矛先は厚労省から安倍政権そのものに向かっていた。五月末には松岡利勝《まつおかとしかつ》農水大臣が亡くなられた。何とも痛ましいとしか言いようがない。現職大臣の自殺というおよそあり得ないことが目の前で起こっていた。

自分は戦場にいるのだと思った。戦いの、しかも大苦戦の真っ最中に、戦友を残して自分一人、戦線を離れることなどできるわけがない。私が考えたのはそういうことである。副長官を辞めて療養に専念するという選択肢はなかった。

しかし、現実問題として手術はしないわけにはいかない。がんが進行すれば、後々もっと大変なことになるのは自明である。

断腸の思いで入院

私が手術のため都内の病院に入院したのは六月一九日である。その際、医師のアドバイスもあって病名は胆石とした。胃がんのことは安倍総理にも知らせなかった。秘書にも告げず、お見舞いもすべてお断りさせていただいた。

私の入院は、「一週間程度の見通し」ということで新聞にも出た。実際に一週間くらいで病院を抜け出して官邸に顔を出している。最初は二、三時間程度。その後は、少しずつ体をならして、昼間だけ行って夕方病院または家に戻るということをやった。約一〇日で退院し、正式に公務に復帰したのが七月三日である。参議院選挙の公示日が目前に迫っていた。七月一二日、正式に選挙が始まるや、私は何事もなかったかのように応援の全国遊説に出た。

内実を言えば、何事もなかったどころの騒ぎではない。手術で胃は元の四分の一になってしまった。

切ってつなげているから胃にたくさんは入れられない。何が大変と言って、食事が大変なのである。少しでも食べ過ぎると気分が悪くなって吐いてしまう。トイレでよく吐いていた。しかし、人前で食べられないところを見せるわけにはいかない。きちんとした会合に出たときは、無理にでも食べて、後でトイレで吐くということがよくあった。体力的にも相当消耗し、きつかった。こんなことをやっていたら再発するのではないかという不安もあった。

手術から二、三カ月経った頃には一〇キロも痩《や》せてしまった。さすがに秘書たちは何かおかしいと不安げであったが、私は胆石の摘出ということで最後まで押し通した。

病院から抜けられなかった最初の一週間のなんともどかしかったことだろう。個人的なことで内閣に迷惑をかけたくなかったし、短い期間とはいえ、戦線を離れることが悔しくてならなかったのだ。大揺れに揺れている安倍内閣を全力で支えたかった。この危機を何としてでも乗り超え、国民の信頼を取り戻して参院選に勝利、いや勝利とはいかないまでも、議席減を最小限にとどめたかった。

ねじれ国会で高まる退陣圧力

二〇〇七年七月二九日。この日、投開票が行われた参院選で自民党は惨敗した。獲得議席数は与党が自民三七、公明九、野党が民主六〇、共産三、社民二……で、非改選も合わせた与党の議席数は過半数に届かなかった。

参議院での過半数割れは、安倍政権にとって大打撃である。衆議院で過半数を制していても、通したい法案が通らなくなってしまうからだ。

わが国の政治制度では、予算案を除く一般の法案は、衆参両院で可決されて初めて法律になる。衆議院で可決されても、参議院で否決されればそれまでである。これがいわゆる「ねじれ国会」であり、こうなると政治は一気に停滞する。

「あの時、安倍総理に、『ここはいったん引いたほうがいい』と意見具申すべきだったのではないか」

私は今でもそう思うことがある。

その方がまだ傷は浅くて済んだのではないかという気がするのだが、それはあくまで結果論である。当時は、参議院選挙で負けても、別にそれで総理に対する不信任が出たわけではないと考えていた。

マスコミや野党は、ここぞとばかりかさにかかって安倍総理に退陣を迫った。

しかしこれはおかしい。総理大臣を選ぶのは衆議院選挙であって参議院選挙ではない。これは何人も否定できない事実である。

憲法上、衆議院の優越という仕組みがあり、衆参両院で総理大臣の指名が異なるときは、衆議院の指名が優先される。つまり、総理大臣を選ぶ権限は衆議院にある。

衆議院では自民・公明の与党が過半数を握っていたから、参院選でいかに大敗しようとも安倍総理が辞めなければならない理由はなかった。

それに、参院選に負けるたびに総理が交代していたら、何人総理がいても追いつかないだろう。そんなことは子供でも分かる道理だ。

安倍総理自身の強い意志がある以上、「続投はやむを得ないだろうなあ」というのが私の率直な気持ちであった。

お粥《かゆ》をすすりながら安倍総理の外遊に同行

ただ、強い反対を押して決めた続投であり、茨の道になるのは目に見えていた。八月のお盆休みに入っても、安倍総理は夏休みを取らなかったし、私も取れなかった。「負けた総理大臣がさらに職責を続けていて、夏休みを取るのはいかがなものか」という批判もあったぐらいで、私も総理のお供をして夏休み返上で仕事をした。

安倍総理がインドネシア、インド、マレーシア三カ国の外遊に出たのは八月一九日である。私も一緒に行くことになった。

総理に胃腸障害の症状が出たのは八月に入ってすぐである。外遊に出る頃にはもう、相当体調を崩しておられた。病院の診断では、持病で難病の「潰瘍性大腸炎」が再発したわけではなかったが、処方された薬を飲んでも一向に良くならなかったという。その状態で外遊に出たのである（これを機にウィルス性の大腸炎を併発して病状が悪化したと総理はのちに『文藝春秋』二〇〇八年二月号に書いておられる）。

晩餐会などで出された食事は、残すのは先方に対して失礼にあたる。総理は無理をして何とか食べようとされていた。無理やり食べる苦しさは、私も体験している真っ最中だったから、実感としてよく分かる。内々で食事するときでも、せっかくインドに来たのにカレーも食べられず、およそ普通の食事ができない状態だった。ほとんどお粥ぐらいしか喉を通らなかったと思う。私も病み上がりの一番しんどい頃で、安倍総理と二人してお粥をすすっていたことを覚えている。

ここで外遊時の官房副長官の役割について述べておこう。

安倍総理の外遊に、私は一〇回ほど一緒に付いて回っている。もう一人の政務の官房副長官、鈴木政二さんは参院選があったので、ほとんどの外遊は私が行った。普通は代わりばんこに行くのだが、選挙が近い政治家は地元の活動もおろそかにはできない。それで私が代わりに行くことが多かった。

外遊先では、官房副長官は首脳会談に同席し、そこで首脳同士のやり取りを残らずメモに取る。その後、記者ブリーフィングで、会談の内容やそれぞれの首脳からどんな発言があったかを同行記者団に説明するのが習わしだ。

当然、公にはできない外交上の機微に触れる問題もある。それについては、事前に外務省や官邸の担当役人とも打ち合わせをして、どれは出していい、どれは出せないという仕分けをしてから記者ブリーフに臨んだ。裏方ではあるけれども、かなり神経を使う仕事だと言える。

報道には出ない外遊先でのやり取り

最初に同行した外遊は、安倍内閣になってすぐの中国・韓国訪問である（二〇〇六年一〇月八〜九日）。あの時は、羽田から政府専用機でまず中国に行き、一泊して次の韓国に移動する途中で北朝鮮による地下核実験の情報が入ってきた。中国ルートの情報であった。すぐ日本に電話をして、私の方から公明党の太田昭宏《おおたあきひろ》代表、自民党の中川秀直《なかがわひでなお》幹事長に情報をお伝えした。

韓国に着くなり、ロッテホテルを経由して日本大使館に行った。韓国では宿泊の予定はなく、休憩拠点としてロッテホテルが用意されていたが、盗聴の恐れがあるということで、用心のため大使館に移った。盗聴というのは、韓国に限らず、ひとたび海外へ出ればどこの国に行ってもあり得ることである。そこで大使館に入って、そこからブッシュ大統領に電話をして日米首脳会談をやったのである。我々が持っている情報を大統領に伝えて北朝鮮に対する対応を協議した。大使館なら盗聴の心配はないわけである。

総理と一緒にいると、このように報道に出てこないことがいろいろある。電話で首脳会談をやるにしても、その段取りをどうするか、何を話し合うのかなど、表に出ない部分で

2006年の初訪中で胡錦濤氏と握手（2006年）

外遊先での安倍総理との記念写真（2007年）

きちんと調整を重ねて、初めて実りある会談ができる。

安倍総理の訪中は、先方で大歓迎された。もちろん、中国側から招待があって行ったわけだ。小泉総理の靖国参拝で首脳外交が頓挫《とんざ》して、それを何としても回復したいというのは中国サイドの思いでもあり、安倍総理も近隣諸国と首脳外交で胸襟《きょうきん》を開いて話し合うことは非常に重要だと思っていた。だからこそ最初にやったのである。ただ、最初にやったことによって、後の総理の言葉で言えば「痛恨の極み」で、結果的にそれによって退任まで靖国参拝ができなかった。無念というのか、内心忸怩《じくじ》たる思いがあったからこそ、昨年の暮れ、予算編成を終えたタイミングで参拝されたのだろう。

二〇〇七年八月末、内閣改造があり、そこで私は官房副長官を退任することになった。続投したい、あるいは大臣をやりたいという気持ちがないわけではなかった。というのは、官房副長官を経験した者はみんな大臣になっているからである。だが、とても大臣になれるような状況ではなかった。公務に復帰して以降、自分なりに精一杯頑張ってみたけれど、朝から晩までフルに仕事ができたとは言えない。体調も悪くて一〇キロも痩せてしまった。おそらく安倍総理の目にも、手術で相当参っているなと映っていたと思う。

その時点でも、私は「胃がんで入院した」とは公表していなかった。そうはいっても急激に痩せたわけだから、周囲はどうもおかしいと思っていたようだ。もう次の選挙は出られないのではないか、本当は重い病気にかかっているのではないかと地元の支持者が心配するほど痩せてしまった。手術後はいくら食べたくても食べられない。そのためどうしても痩せてしまう。無事に退院したのに、周りからは、かえって悪くなったように見えるのである。

「手術は済んだ。あとは治るだけだ」

自分ではそう前向きに考えていた。それでも、体調が元に戻るまでに五年ぐらいかかっている。

信じていた価値観ががらがらと崩れていく

がんになったことは、私にとって人生の大きな転換点、ターニングポイントになったと思う。それは、その時まで自分が信じていた価値観が、がらがらと音を立てて崩れ落ちた瞬間でもあった。

私は健康に対して人一倍、いや人の三倍も四倍も自信があった。小学五、六年生の頃は学校から帰って農作業をやり、中学校時代は片道八キロの道のりを毎日歩いて通った。放課後は、サッカー部で走り回って足腰を鍛え、親戚の家にアルバイトに行って耕耘《こううん》機を動かした。大人になってからも、一度胃炎になったぐらいで病気らしい病気はほとんどしたことがなかった。

二〇代はもちろんのこと、三五歳で政治家になってからも、土曜も日曜もなく仕事をしてきた。秘書たちがついていけなくて音を上げたほどである。「休日」という概念が頭の中から消えてなくなるくらい、ひたすら仕事に没頭して疲れを知らなかった。

フルマラソンを始めたのは四〇代に入ってからである。地元の荒川市民マラソン（現・板橋Ｃｉｔｙマラソン）は三回完走している。ベストタイムは四時間七分。約一万二千人のランナーの中で三千番台であった。走った方は分かると思うが、このタイムは結構速いのではないだろうか。自分で言うのもおかしいが。

そんなわけで、強靱《きょうじん》な肉体ということには、今から振り返ると滑稽に思えるほど自信を持っていた。それまで定期検診など受けたことがなく、そもそも生命保険にさえ入っていなかった。手続きが面倒で入らなかったのではない。自分は八〇代まで必ず生きるという確信があったので、それが分かっていながら保険をかけるのはお金をドブに捨てるようなものだと思ったのだ。海外に行くときは旅行保険に入るのが普通だが、それもばからしいと思って入らなかった。

「死なないのを分かっていて、そんな使い捨てにしても、入る意味がない」

そう考えて何の疑問も感じなかった。

それほどまでに健康を過信していた私が、ある日突然がんと宣告されて、胃を四分の三も切ったのである。切っても五年以内に転移する可能性があるという。転移すれば死はその先に近づいてくる。再発の恐怖、つまりは死の恐怖に怯《おび》えることにもなった。自分の肉体に対する絶対的な自信がもろくも崩れ去り、「人生なんていつどうなるか分からない」と何とも言えない寂しさが襲ってきた。

悔いのない人生を生きるための日記

入院中のベッドの上で、早く公務に復帰しなければと焦る一方、「死」の一文字が頭にちらついて虚《むな》しくてならなかった。

入院してちょうど七日目のことである。その日から私は日記をつけ始めた。

八〇代まで必ず生きる、正確に言えば、根拠なく八六歳まで生きると私は決めてかかっていた。その年齢をゴールに置き、自分なりの人生設計をしていたつもりが、いつどんな形で自分の命がこの世から消えてなくなるか分からないと実感して、否応なく自己の内面と向き合わざるを得なくなった。

打ち寄せる波のようにひたひたと迫る悲しみ。そのなかで私は「日々充実した、いつ死んでもいいような、悔いのない人生を生きよう」と誓った。

そのために日記を書こう。自分の記録をつけていこう。そう心に決めたのが入院してから一週間後の六月二五日である。

今、その時の日記を見ると、ちゃんとしたノートではなくて、メモ帳に書き殴っただけのものである。点滴を受けてまだ体も満足に動かせないような状態で、意識も半分しっかりしていないところがあったのか、かなり乱れた、読みにくい字で書かれている。ベッドに寝たまま、苦しくても、とにかく書いておかなければと思ったのだ。

この時の入院は、人生で何度か経験したうちの二度目の転換期であった。大手術をすることによって、生のはかなさを感じるなかで、一日一日、一刻一刻を刻むように生きていこう、その時その時を大切にしていこう、日記を書くことによってそれを積み重ねていこうと決意したのである。

それからというもの、ずっと日記を書いている。第二次安倍内閣での文部科学大臣就任まで日記は続いた。

次章では、私の人生最初の転換期について書いてみたい。

第二章　政治家を志す

政治家への憧れを初めて自覚したのは小学校五年生である。
それはまだ曖昧であやふやなものではあったが、
ちょっとやそっとでは消えないくらい確かなものでもあった。

子供たちを前に三〇年ぶりの授業

昨年一二月一四日の土曜日、私は板橋区立成増小学校を訪れ、教室で五年生の子供たち約四〇人に算数を教えた。土曜授業を自ら実践して全国の公立校に広げるのが狙いである。授業は公開で行った。

多くの私立が土曜日も授業を行っている。公立も、もっと土曜日の教育環境を充実させて、子供たちの学力や生きる力の底上げを図っていくべきだと私は考えている。

土曜授業にはいくつかのタイプがあるが（詳しくは後述）、文部科学省がいま力を入れているのは、地域の人や民間団体にボランティアで協力してもらいながら、子供たちに出前授業を行ったり、体験活動の機会を提供したりするタイプの土曜授業（正確な用語では「土曜学習」）である。

成増小は、だいぶ前から土曜授業の取り組みを始め、地域全体で学校教育を支援する体制を作って成果をあげていた。

授業で教えるのは本当に久しぶりだった。といっても、私に学校教師の経験があるわけではない。私に経験があるのは塾の先生だ。

公開土曜授業での風景。教室は和やかな雰囲気に包まれていた

政治家になる前、私は生徒数二〇〇〇人ほどの塾を経営し、子供たちにも教えていた。塾を立ち上げたのは大学四年生のときである。以来、一〇年以上、主に小中学生の子供たちとじかに向き合ってきた。できる子もできない子も、真面目な子も不良少年も、全部引っくるめて面倒を見てきた。子供たちを教えることの楽しさも難しさも知り尽くしているつもりだ。

それでも、授業をやるのは約三〇年ぶりということもあり、多少の戸惑いがあったのかもしれない。黒板に計算の数字を書き間違えて生徒から指摘されるというハプニングもあった。

その日はＰＩＳＡ（ＯＥＣＤ生徒の学

習到達度調査）などの問題を子供たちに解いてもらいながら授業を進めた。みんな活発で明るく、授業態度もしっかりしていたので感心した。

一通り算数を終えた後、私はイチロー選手の「僕の夢」という作文の一節を紹介して、子供たちに「将来何になりたいですか？」と聞いてみた。

「宇宙飛行士になりたい」

「私の夢は舞台女優です」

「東大に行って偉い人になる」

「お笑い芸人！　毎日ネタを書いてるよ」

「私はアイドル歌手になりたいです」

「サッカー選手。クラブに入って練習してます」

たくさんの元気な声が飛んできた。将来に対して夢を持つというのは素晴らしいことだ。是非その夢を心の中で温めて、これから大きく育てていってほしいと思う。

私がイチロー選手の作文を紹介したのには理由がある。夢を夢のまま終わらせてほしくないと思ったのだ。

夢は実現するためにこそある。しかし、大きな夢であればあるほど、それは簡単には手の届かない遠い彼方にある。ではどうすれば夢は実現できるのか。

イチロー選手の夢は一流のプロ野球選手になることだった。そのために彼は、まず甲子園で活躍するという目標を立てた。その目標を達成するため、友達と遊ぶ時間を削って厳しい練習に打ち込んだ。一年三六五日のうち三六〇日は練習した。そうやって目の前にある課題を一つ一つクリアしていけば、いつかは甲子園に行けるだろうと彼は考えた。目標が達成できたら、また新たな目標を立ててそれに向かって努力すればいい。

目標を立ててクリアする。

クリアすればそこに達成感が生まれる。

そのことが自信となってまた次の目標に立ち向かえる。それを繰り返していけば、遠いと思っていた夢に一歩、また一歩と近づいていけるのだ。

イチロー選手にとって、夢とは必ず実現しなければならないものだった。夢の実現に向けて本気で動き出したとき、夢は志に変わるのではないだろうか。

「なれたらいいな」という漠然としたものから、「必ずなってみせる」という決意や目標、計画性を含んだものへ。

夢を夢で終わらせないためには、志を持つことが大事だと私は思う。

算数の授業の後で少々唐突だったかもしれないが、そんなメッセージを子供たちに伝えたかった。

政治家人生の原点は父の不慮の死

「政治家になりたい」

それが子供の頃の私の夢だった。

政治家への憧れを初めて自覚したのは小学校五年生である。それはまだ曖昧であやふやなものではあったが、ちょっとやそっとでは消えないくらい確かなものでもあった。

植物でいえば、種のようなものであったろう。土に播《ま》いた種は、水をやり、日の光を浴びれば、やがて芽が出て、葉っぱが生え、大きく生長していく。水のない場所や日陰に播かれた種は、芽が出ることもないし、出てもじきに枯れてしまう。

水もあり、日光もあり、肥料にも恵まれて、私は政治家になることができた。だが、それらすべてがあったとしても、肝心の種がなかったら、私は政治家になることはなかっただろう。

種はどこからきたのかと考えてみて、その大本をたどれば父の死に行き着く。あまりにも悲しく、つらい出来事であったが、私の政治家人生の原点が父親の不慮の死であること、これは動かしがたい事実なのである。

忘れもしない昭和三八年一〇月九日の夜、父が交通事故で亡くなった。父は当時三八歳、母は三二歳、私が九歳で弟二人はそれぞれ五歳と一歳だった。

当時、私たち家族が住んでいたのは、群馬県群馬郡倉渕村《くらぶち》（現・高崎市倉渕）という人口六〇〇〇人ほどの山間部の小さな村である。その夜は台風接近の予報が出ていて、雨も降っていた。

父は農協の職員として酪農家の育成に心血を注いでいた。勤務を終えた後、村の人から家畜を診てほしいと連絡が入り、父はオートバイで出かけていった。事故が起きたのは、その帰り道である。敷き詰めた砂利にオートバイのハンドルを取られ、道路脇の川に転落してしまったのだ。

自宅のダイヤル式の黒電話が鳴ったのが午後八時過ぎ。出た母が何かせきこんだ口調で話していた。普段はそんなことはしないのに、母は乱暴に受話器を置くと、

「父ちゃんがケガをした。病院に行ってくるからコタツに入っておとなしくしていなさい」

と言うなり、一歳の弟を背負って出ていった。

事故と聞いて、なぜか涙があふれてきたことを鮮明に覚えている。

具体的な情報はまだ何もなかったのに、

「お父ちゃんはきっと死んだ」

とピンと来たのである。

大好きだった父が突然いなくなることの恐怖感と悲しみが押し寄せてきた。あの時の直感的な「父の死」だけは、今もって忘れられない。生涯たった一度の霊感だった。

墓守をするために母と離れて居候生活

突然の父の死によって生活は一変した。村には専業主婦の母が働けるようなところはなく、お金が入ってくる当てがなくなってしまった。

あまりの困窮を見かねて、近所の民生委員の人が生活保護を受けたらと勧めてくれた。

ある日、母が私を呼んで、

「大事な話がある、来なさい」

と、部屋で二人きりになった。

薄暗い部屋の中で、生活保護を受けるかどうかを、まるで父親と話すときのような口調で私に相談するのである。私はまだ九歳の少年であったが、母にとっては下村家の総領息子であり、たった一人の頼るべき存在だったのだろう。

母子で話し合った末、なんとか自分たちの力で頑張ってみよう、生活保護はそれから考えようと決めた。決まったら母の行動は早く、弟二人を連れて母の実家がある群馬県群馬郡榛名町（合併により高崎市に編入）に移り住んだ。

私はついていかなかった。引っ越したくなかったのだ。母には無理を言って、私ひとり、近くに住んでいた祖父母のもとに身を寄せた。仲の良い友達が大勢いたこともある。それ以上に、父の生きた証《あかし》のある土地を離れたくなかった。

私にとって父は怖いと同時に、大好きな存在であった。酪農に打ち込み、村人から頼られる父のことを尊敬していた。その父が今はお墓に入って静かに眠っている。生活のためとはいえ、父を置いていっていいのだろうか。そんな気持ちがあった。

九歳の子供に何ができるわけでもない。それでも、

「父ちゃんの墓守は僕しかできない」

と思い込んでいた。

学校は楽しかったが、家に帰ると寂しさが募った。居候生活であるから、テレビをつけるのも祖父母に断ってから、食事ももう少し食べたいと思っても我慢して箸を置く。一事が万事で、肩身の狭い暮らしである。

何よりつらかったのは、祖父母から母のことを「実家に逃げた嫁」と言われたり、父が生きていた頃はにこやかに話してくれた村人たちが、手のひらを返すように冷たくなった

ことである。今考えると、農家は毎日忙しい。酪農を指導してくれる下村さんちの坊ちゃんだから挨拶もするが、死んでしまったら小学生の子供の相手をする暇などない、といったところだろう。日本は高度成長期に入ったばかりでまだ貧しく、村人にも余裕がなかったのだと思う。

およそ二週間ごとに、母は祖父母に隠れて私に会いに来た。親戚の人に教えられて行ってみると、遠くの曲がり角で見え隠れしながら私を待っているではないか。母の姿を見ると無性に涙がこぼれて仕方なかったが、私は母の前では絶対に泣かないようにした。母には、祖父母がよくしてくれているとか、学校が楽しいといった話をした。

訪ねてきた母は、

「お前がいないと寂しい。相談する相手がいない」

と言って泣いた。

「僕がいなくなったら、父ちゃんの墓はどうする」

私を無理やり引っ張って行くわけにもいかず、母は寂しそうな背を見せて帰って行った。しかし、私のやせ我慢も長くは続かなかった。何しろまだ九歳の男の子である。母親に甘えたいという思慕の情がある。三回ほど「一緒に暮らそう」と言われて、とうとう母の実家に移ることにした。

父の墓に埋めた手紙が「生きる術《すべ》」だった

母の実家に行って私の憂いが晴れたかというと、そうでもない。まず、転校生、よそ者ということでいじめられる。母子家庭ということでもいじめられる。

「おまえんち、父ちゃんがいないじゃないか」

と言いがかりをつけられるのだ。

当然、鬱憤がたまる。しかし悔しさをぶつける場所がなかった。母は夜明け前から田畑で働き、昼間はパート、夕方からまた田畑に出るという毎日である。そんな母を見ていたら、弱音を吐くことなどできない。母に余計な気苦労をかけてはいけないと我慢するしかなかった。

いやなことは多かったものの、母と兄弟三人が一つ屋根の下で生活できるのはうれしかった。

つらいことがたまりにたまると、こっそり父の墓に行ったものだ。つらくてつらくてどうしようもなくなったときは、ノートの切れ端に自分の思いを書き連ねる。それがたまってきたら、袋に入れて父の墓まで行って墓前に埋めてきた。

他愛のないことを書いていたにせよ、小学生の私にとっては大げさではなく父への手紙が「生きる術」であった。

母の実家から父の墓までは、子供の足で一時間ぐらいだっただろうか。昼間は弟たちの世話があるから行けない。夜になってみんなが寝静まった頃、こっそり家を抜け出した。月明かりがあっても山の中は真っ暗である。父親に会いに行くという高揚とした気分だったせいか、怖いと思ったことは一度もない。

お墓では、まず「会いに来ました」と報告する。それから小さなスコップで穴を掘り、手紙を埋めた。

「これからも見守ってください」

「強く生きられるよう、あの世から励ましてほしい」

などとお願いをしながら、父と会話してお墓を後にした。

生活は苦しく、欲しいものがあっても何も買ってもらえなかった。月曜から土曜まで働きづめの母は、日曜日も農作業に出る。パート収入だけでは暮らしていけず、畑で野菜を作っては、一部は市場に出してお金に換え、残りは自家消費に回してしのいだ。生卵一つを兄弟三人で分け合って、ご飯にかけて食べたこともある。

この頃も、私たちの境遇に心を痛めて、再三にわたり生活保護を受けてはどうかとアド

バイスしてくれる人がいた。母は頑として自助の道を選び、

「自分が働けるうちは人の助けを借りないでやっていく」

と言って断ったという。

母に初めて買ってもらった本

当時、政治家になりたいと思った理由はいくつかある。

一つは、父が死んでからというもの、私たち家族は世間の冷たさも味わったけれど、一方で、温かい手を差し伸べてくれる人もいて、その人たちのおかげもあって何とか暮らしていくことができた。子供心に、

「大人になったら、そういう人たちに恩返しができるような人間になろう。それが一番できる仕事が政治家だ」

と思ったのである。

もう一つは、私は本が好きで、偉人伝や英雄伝の類をむさぼるように読んでいて、その影響を受けたことである。

小学四年生のとき、流感にかかり、ひどい熱にうなされて何日か学校を休んだことがある。

「何か欲しいものがあれば言ってごらん」

暮らしに余裕のなかった母は、いつもは非常に厳しい存在だった。父親代わりもしなければと思っていたのだろう。家の中にはピンと張り詰めた空気が漂い、甘えは一切許されなかった。それでも、こんな時だけは優しい言葉をかけてくれた。

私は「いらない」と言った。

「いいから、何でも言ってごらん」

気持ちが動いた私は、せっかくだからと本を買ってきてくれるよう頼んだ。家には学校の教科書以外、本らしい本は一冊もなかったのである。ふだんは何一つ買ってくれない母が、その日の仕事帰りに、なけなしのお金をはたいて一冊の本を買ってきてくれた。

題名は覚えていないが、一五人ぐらいの偉人、英雄たちの少年期を書いた物語であった。確か野口英世、二宮尊徳、豊臣秀吉、徳川家康、フランクリン、エジソンなどが載っていたと思う。病気が治ってもしばらくの間、その本は私の一番大切な宝物であった。雨の日など、何度も何度も読み返して、すっかり物語をそらんじてしまった。

それが私と本との最初の出会いだったのだろう。のめり込むように繰り返し繰り返し読んでいるのを見た母は、その後、折に触れてワシントン、リンカーン、シュヴァイツァーなどの偉人伝も買ってくれた。

本好きになるきっかけを作ってくれた町田先生

五、六年生になると、私は猛烈に本を読み始めた。何しろ群馬の山の中の、今はもう廃校になって無いような学校である。文明的なものは何もない。その中で唯一、学校の図書室には、自分のイメージを自由に膨らませることのできる空間があった。伝記物が好きで、図書室にある伝記物はほとんど読んだと思う。

土曜日になると必ず図書室に寄って何冊か借りてくる。天気のいい日は、家に帰るとまず自分で弁当を作り、裏山に登る。頂上付近の樹の下は、読書するには恰好の場所であった。眼下には、はるか遠くの方まで関東平野が広大な翼を広げている。浅間山は噴煙をたなびかせ、榛名山や赤城山が雄々しく立ち並んでいる。日中、誰にも邪魔されることなく、本の世界の中で主役を演じられるのだ。小鳥のさえずりや樹々の香りも、物語の進行には欠かせないバックグラウンド・ミュージックであった。私が裏山から下りるのは、活字が読めなくなる夕方になってからであった。

私が本好きになったのには伏線がある。小三のとき、担任の町田先生が国語が好きで、昼休みにいつも本を読んでくださった。生徒たちは先生の朗読にじっと耳を傾けていた。私はその時間が一番楽しかった。

町田先生は、三〇代半ばの笑顔の優しい、ふくよかな独身の先生だった。作文や詩の指導にも力を入れていて、うららかな春のある日曜日、みんなで山に詩を書きに行ったことがある。図画板に原稿用紙を挟み、弁当を持って小高い山の上に登った。『雲』という詩を書いて提出したところ、先生は表現のいいところ一つ一つの字に赤マルをつけて下さり、「とってもいい詩だ」とほめてくれた。

先生は毎月、教室の前の廊下の黒板に、生徒の書いた作文や詩を一つ選んで写してくれる。その月は私の『雲』が選ばれた。詩の下に、赤や青の色のチョークを使い、雲や山の風景が描かれていた。私は毎日のように、飽きずに眺めていたものである。

それから間もなく父の事故があり、私は転校することになる。

「ひろちゃんは将来、文部大臣になるかもしれないね」

後になって気がついた。先生が私の心に〝時限爆弾〟を埋め込んでくださったことを。五、六年生になって、先生が昼休みに朗読してくれるのをじっと聞き入っていた時の感動

小学校高学年の頃の筆者（右端）

が、一人で本を読んでいる時でも分かるようになったのである。

　こうして私は本好きの少年になった。貧しい生活の中で苦労、苦学しながら這い上がった人物には、自分の身に当てはめて強く共感した。政治家になりたいという気持ちも、そんなところから生まれてきたのだと思う。

　三つ目の理由、これは天啓のようなものだったかもしれない。

　五年生の授業で、どなたであったか、文部大臣が書かれた文章を読む機会があった。どういう内容だったかはもう覚えていない。ただ、読み終わった後、女の先生から、

「ひろちゃんは将来、文部大臣になるか

もしれないね」

と言われたのである。

先生は私が政治家に向いているともおっしゃった。

思わずハッとした。

その先生は、貧しくて家庭科に必要な裁縫道具も買えなかった私を見かねて、そっと手作りの道具箱を渡してくれた優しい方であった。

政治家になるという現実感はまったくなくても、その一言は私の「心の財産」となり、励みになったことは間違いない。

中学、高校に行ってからも、いや実際に政治の道に進んでからも、その言葉は度々私の脳裏に浮かんでは消えていった。

校内弁論大会に出場して赤面症を克服

中学では勉強をした記憶はあまりない。もっぱらサッカーと農作業手伝いのアルバイトに走り回っていた。

クラブ活動に没頭できたのは、小学校時代と比べ、生活が多少なりとも楽になったからである。きっかけは、小学五年生の頃、学生時代にサッカー選手だった唐沢先生の指導の下でサッカーの真似事を始めたことだ。やってみるとこれが面白くて、たちまち夢中になった。その時の経験から、中学に行って運動部に入るならサッカーと決めていた。

実際に入ってみると、私が通った榛名一中（現在の高崎市立榛名中学校）のサッカー部には、監督もコーチもいなかった。当時は今と違ってサッカー人口が絶対的に少ない時代である。子供に人気のスポーツといえば、野球が断トツの一位で、サッカーは影が薄い。それでも続けられたのは、唐沢先生が時折、一中に指導に来てくださったからだ。我々サッカー部員は、先生の言葉を一言半句聞き漏らすまいと耳をそばだて、その言葉を頭に叩き込んで練習に励んだ。

先生の指導のおかげで、私のキャプテン時代、わが校は地区大会で優勝し、監督やコーチがいなくてもやればできるという自信がついた。

聞くところでは、OBに元Jリーガーの清水範久《しみずのりひさ》選手がいたり、二〇〇九年には県大会で優勝したりで、サッカー熱は今も続いているようだ。

榛名一中でもう一つ、忘れられない思い出がある。三年連続で校内弁論大会に挑戦したことである。

政治家になりたいという気持ちはより明確になっていた。

中学の校内弁論大会で演説する筆者

ところが、私は人前で話すのが苦手だった。国語の授業中、立って教科書を読むだけでも声は上ずり、顔が赤くなってしまう。極度の上がり症、赤面症であり、大勢の人の前で演説するなど考えただけでもゾッとする気がした。そんな体たらくだから、政治家志望のことも、友達に言っても信じてもらえないと思い、誰にも言えなかった。言えば、

「おまえ、人前で話もできないくせに政治家なんて、冗談きついよ」

と笑われたに違いない。

しかし、努力すれば自分を変えることができるかもしれない。そこで、

「場慣れしなければ」

と蛮勇を奮って、年に一度の弁論大会

に出たのである。

初挑戦の結果はみじめなものであった。壇上に立った瞬間、頭の中が真っ白になってしまった。原稿を持つ手がガタガタと震え、「焦るな、落ち着け」といくら自分に言い聞かせても、手の震えをコントロールできなかった。原稿用紙五枚の草稿を何度も何度も読み込んで練習したはずなのに、言葉が口から出てこない。しどろもどろになり、結局、何を話したのか分からないまま持ち時間が終了した。

しばらく落ち込んでいたが、赤面症を治すチャンスなのだと自分に言い聞かせ、中二、中三と挑戦を続けた。そして三回目でとうとう準優勝を勝ち取った。

不思議なものである。これで自信がついたのか、赤面症も治ってしまった。

交通遺児育英会の高校奨学生第一期生となる

義務教育は中学三年で終わる。卒業後は就職する者も出てくる。私も、わが家の経済事情から考えて普通高校は無理だろうなと半ばあきらめていた。

中三の夏、母親から、

「弟たちもまだ小学生だ。これからお金もかかるから、昼間は働いて、夜間の定時制高校へ進んでほしい」

と言われた。

母は、勉強は高校までで十分と考えていたようだ。

ここで思いもよらない情報が飛び込んできた。学校の先生が、交通遺児育英会（あしなが育英会の前身）の奨学金制度が発足すると教えてくれたのである。青天の霹靂《へきれき》とはこのことであろう。どれほどうれしかったかしれない。制度発足があと一年遅れていたら、私の運命はまったく違ったものになった可能性もある。

「奨学金があれば普通高校に行ける」

ということで、心機一転、私は群馬県立高崎高等学校、通称タカタカめざして猛勉強を始めた。タカタカは福田赳夫《ふくだたけお》、中曽根康弘という二人の総理を輩出した県下有数の進学校である。

奨学金を受け取れるとしても、それは受かってからの話だ。受からなければ元も子もない。その時は働くしかない。おそらくプレッシャーもあったのだろう、二学期に入ってよく夜中の散歩に出るようになった。

隣の家といっても二、三百メートルは離れている。家の周りは田畑ばかりで、夜は外灯の灯もなく真っ暗になる。稲穂がたわわに実る田んぼのあぜ道を歩きながら、夜空を見上げては一人、星のまたたきや流れ星に見入った。

この頃、同じタカタカを受験する親友がいた。二人して励まし合って勉強したものである。彼の家は榛名山の麓、私の家は山の中腹にあった。午後一一時になると、彼は私の家の見える小高い丘の上にやって来て懐中電灯を点滅させる。そのチラチラする光に友情と連帯感を感じながら、私も二階の窓から懐中電灯で合図を送った。

そうやってお互い気持ちを奮い立たせながら、眠い目をこすりつつ深夜まで机に向かったものである。

それまであまり勉強してこなかったせいで成績はすぐには上がらなかった。家庭教師をつけ塾通いをして、早くから受験勉強をしていたライバルたちに、追いつき、追い越すのは簡単ではなかった。学年一〇番以内まで順位を上げたものの、その頃、私の学校からタカタカは毎年一人か二人入るかどうかである。心理的にかなり追い詰められていたと思う。それでも、猛烈なラストスパートをかけて何とか合格した。同期では八人がタカタカに合格し、先生方も喜んでおられた。

昭和四五（一九七〇）年、私は群馬県立高崎高校に進学する。この年スタートした交通遺児育英会の高校奨学生第一期生として奨学金の貸与を受けた。もう一つ、日本育英会（現・独立行政法人日本学生支援機構）の特別奨学金の給付も受けることができた。この二つのおかげで私は安心して高校生活を送ることができたのである。

自宅から学校までは距離があったので、高崎のアパートに一人で住んだ。食事の世話は近所に住む親戚にお願いした。母に仕送りを頼める状況ではなく、奨学金で不足する生活費は夏休みや冬休みの集中バイトでまかなった。

一人暮らしは気楽で自由、と言いたいところだが、それは大学生になってからの話だ。みんな親元から通学しているのに、自分だけが違う。昨日までは母がいて弟たち二人がまとわりつく生活であったから、とにかく寂しかったことを覚えている。

私が早稲田への進学を決めた理由

大学受験は早稲田大学一本に絞って勝負した。

早稲田に行けば政治家になれるという確信があったわけではない。その時はまだ雄弁会の存在も知らなかったのだから。雄弁会は政治家への登竜門であったのに……。

政治家になるためのノウハウなど何一つ知らず、もちろん伝手《つて》もなかった。

そもそも政治家という職業には、こうすれば政治家になれるという定まった手段・方法があるわけではない。会社員なら高校や大学を出て企業の新卒採用に応募すればよい。公務員なら試験を受けて合格すればなれるし、教員なら教員免許を取って採用試験に合格すればなれる。では、政治家はどうなのか。選挙に出て当選すればなれるといっても、ただ立候補しても泡となって消えていくだけだ。知名度がなければ相手にされない。お金もかかるだろう。調整力やリーダーシップも必要だし、人間的な魅力も求められる。一番大事なのは政策である。世のため人のためになることをしたい、より良い世の中を作りたいという思いを、具体的な政策プランにまとめなければならない。

いつかは選挙に出るとしても、その時までにそれらのものをどうやって身に付けたらよいのか、未成年の私には皆目見当がつかなかった。ただ、そういう細かなことを考えるのはまだ先でいいと思っていた。

その時にあったのは、政治家志望の思いだけである。

当時、私が考えたのは、「そのためにはまず大学に行かなければならない。行くなら早稲田だ」ということである。

なぜ早稲田なのか？

大隈重信《おおくましげのぶ》侯の「学問の独立と活用」「東西文明の調和」という建学の精神に惹《ひ》かれたこともある。個性的な政治家を多数輩出しているのも魅力だった。

加えて、早稲田出身の作家、五木寛之《いつきひろゆき》や野坂昭如《のさかあきゆき》に憧れていたことも大きな理由である。

新聞販売店の主人に味わわされた社会の不条理

高校卒業後、早稲田受験のために東京で勉強したいと考えた。調べてみたら、苦学生のみを対象とする三食付きで寮完備という大手新聞の販売店が品川にあることが分かった。朝夕配達だけすればあとは勉強ができる。これはいいと思って飛びついた。

農作業で早起きしていた経験があるので、朝早い仕事もまったく苦にならなかった。毎日、未明に新聞の束が来ると率先して区分けをし、雨の日も風の日も真っ先に配達に出た。配達ミスもなく、販売店の主人から随分褒《ほ》めてもらったものだ。

新聞配達をやっていたのは半年ほどである。途中でやめてしまった。

当時、成績優秀な配達員には、新聞社から奨学生制度の一環でボーナスが出ていた。私は当然支給されるものだと考えていたが、待てど暮らせど支給されない。主人に聞くと成績考査で外されたという説明だった。納得がいかず、新聞社に問い合わせたら、私の成績考査は上位であった。

つまりは販売店の主人が着服していたのである。私は青年らしい正義感で怒り、主人を告発した。結果は、その販売店に居づらくなり、やめるしかなくなった。

荷物の整理を終え、群馬の実家に帰ろうと販売店の門を出ようとして、門前に厄払いの塩が盛ってあるのが目に入った。はらわたが煮えくりかえる思いがした。社会の不条理をこの時ほど強く感じたことはない。

生涯最大の挫折感を味わったと言っても過言ではない。高崎に帰る夜汽車では『北帰《ほっき》行《こう》』の歌が頭の中を駆け巡っていた。

「故郷に錦を飾るどころか、都落ちではないか」

屈辱と敗北の感情が込み上げてきて、一時は死んだほうがましだと思い詰めたほどだ。唯一の救いは、販売店の奨学生仲間が「来春は大学で会おう」と見送ってくれたことである。それからは、彼らの励ましと不条理に対する怒りを胸に、「こんなことで負けてたまるか」とがむしゃらに受験勉強に打ち込んだ。

育英会の玉井専務理事を正面切って批判

早稲田大学教育学部に入学したのは昭和四九（一九七四）年である。高校と同じく、交通遺児育英会の大学奨学生となり、日本育英会の奨学金も受けて学費をまかなった。ここでも奨学金のありがたみを骨身に染みて味わった。奨学金がなければ、私立大学に行くことなど、夢のまた夢であったろう。

上京して、まずは下宿探しから始めた。貧乏学生にもやさしくて住みやすいところはないかと不動産屋を回り、板橋区赤塚の古びたアパートに入居した。

大学のある高田馬場から山手線の外回りで二つ行くと池袋、そこから東武東上線に乗り換えて川越方面に向かう。八個目が下赤塚駅である。駅から歩いて一〇分ほどのところにその家はあった。

板橋区はのちに私の選挙区（東京一一区）となるところだ。もちろんその時点では、将来そこから選挙に出ることになろうとは考えもしなかった。偶然とはいえ、不思議な縁だとしか言いようがない。

下宿の次はアルバイトである。母からの仕送りは一切期待できない。生活費のすべてを自分の手で稼ぎ出さなくてはならないが、バイトなら何でもやる自信があった。肉体労働は小学生のときからやっている。受験を終えた直後であり、頭脳労働もお手の物だ。家庭教師、市場のセリの手伝い、喫茶店のウエイターと二〇種類ぐらいはやったと思う。まだ世間のことを何も知らない学生が、世の中を知り、人の心を知るのに、バイトに勝るものはない。この時の社会経験は後々まで役に立った。

大学一年の夏休み、私は山中湖畔（山梨県）で開かれた「大学奨学生のつどい」に参加した。奨学生同士の交流と研修を兼ねた合宿であった。そこで初めて交通遺児育英会専務理事（現・あしなが育英会会長）の玉井義臣《たまいよしおみ》さんにお会いした。

我々奨学生にとって育英会は、資金援助により学業を続けさせてくれるかけがえのない存在である。貧しさゆえに学ぶ機会を失った私たちに手を差し伸べてくれたのであり、本来ならば、恩義を感じることはあっても、批判めいた感情を持つことなどありえないだろう。だが、そんな常識に私は反旗を翻した。

合宿での研修内容や玉井さんの話に強い違和感を覚えたのである。

「奨学生は貸与された奨学金をあとで返済すればいいだけで、学生時代は勉学に専念すればいいはずだ」

私はそう思っていた。

しかし玉井さんの考えは違った。奨学生を育英会の活動に参画させ、寄付集めにも協力させようとしていた。街頭募金もやらなければいけないということで、私はおかしいと思い、つどいが終わった後、七、八人の仲間と一緒に抗議行動に出た。

「交通遺児育英会にもの申す」というタイトルで新聞を作り、全国の奨学生に送ったのである。玉井さんを公然と批判し、育英会の活動方針に異を唱えた。その過激な内容もさることながら、事務局の人たちを仰天させたのは抗議のやり方だった。

玉井専務理事にさとされ募金活動にいそしむ

私たちは育英会の事務所に堂々と乗り込み、育英会が所有している謄写版や紙を使ってその場で新聞を作り、事務局にある封筒・切手を使って全国に郵送したのである。「正義は我々の側にある」という信念から取った行動だが、今考えてみても相当に図々しい行為であったことは間違いない。

玉井さんはスケールの大きい寛大な人であった。玉井さんご自身、交通事故で母親を亡くされている。その悔しさと怒りの一念から交通評論家として身を立て、世論を喚起して財団法人交通遺児育英会を立ち上げた人物である。財界の重鎮、永野重雄《ながのしげお》氏（当時、富士製鉄社長、のち新日本製鉄会長）を会長に迎えるなど、並みの人間にできることではない。

予期せぬ私たちの反抗にも、玉井さんは鷹揚《おうよう》な態度を貫き、「なんでも認めてやれ」と黙認してくれた。その気になれば、奨学生の資格を取り消すぐらいいともたやすいことであったろうに、その手は使わなかった。それをやられたら、たちまちにして窮したのは私たちのほうである。

その後、玉井さんと徹夜で議論する機会があった。

「交通遺児育英会は日本育英会と違って、あしながさん（継続的に寄付を続けてくれる人）たちの善意で成り立っているんだぞ。だから君たちは奨学金を借りることができたんだ。本来なら希望者全員に貸してあげたいんだが、それだけの財源がないため、ごく限られた交通遺児にしか貸与できないんだ。もっと多くの遺児に貸与できるように君たち大学生も協力するのが役目であり、責務ではないか」

玉井さんの言葉である。これには私も反論できなかった。

確かにそうである。奨学金を借りるための試験会場には多くの学生が来ていた。しかし、そこで知り合った学生のうち何人もが奨学金を受けられなかった。私は自己中心的であったなと反省し、自分も恩返しの一環として街頭募金に立とうと決意した。

こうして私は矛を収めたのである。前代未聞の「交通遺児育英会にもの申す」紙に第二号が出ることはなかった。

実際に街頭募金をやってみて、その辛さ、悲しさは耐えがたいものがあった。やってみた人でなければ到底分からない世界だろう。「交通遺児に進学の夢を！　どうぞ募金をよろしくお願いします！」と訴えることは、私自身がその当事者であるため、「まるで物乞《ものご》いのようだ」と暗い気持ちになったのである。それでも、他の遺児たちも多くのボランティア学生も声をからして道行く人に訴えている。自分一人、逃げるわけにはいかなかった。

早大雄弁会で幹事長選を勝ち抜く

いくらバイトで稼いでも、お金は右から左へと出ていった。下宿代は安くても、光熱費もかかるし、食欲旺盛な大学生である。霞を食って生きるわけにもいかない。とにかくお金がなくて、贅沢《ぜいたく》とは無縁の学生生活であった。

高田馬場駅と大学キャンパスの往復も、バスは使わないで、なるべく歩いて通った。早稲田通り界隈は古本屋が多い。そこに立ち寄って立ち読みしたり、安い本を買うのが楽しみの一つだった。

ある日、その古本屋で運命的な出会いをした。直木賞候補にもなった作家の豊田行二《とよだこうじ》が書いた『青春国会劇場』という本に巡り合ったのだ。古本というほど古い本ではなく、出てまだ何年も経っていなかったと思う。〝早稲田雄弁会が生んだ七人のサムライ〟、すなわち海部俊樹《かいふとしき》、西岡武夫、小渕恵三、藤波孝生《ふじなみたかお》、松永光《まつながひかる》、渡部恒三《わたなべこうぞう》、森喜朗というきら星の如き政治家たちの青春の生き様を描いたノンフィクションである。このうち三人は総理大臣となり、一人は衆議院副議長、一人は参議院議長になった。これをきら星と言わずして何と言おうか。

大学生時代の筆者（軽井沢で）

夢中で読み、全身が震えるほどの感動があった。

「これだ！　政治家になるのだ。俺の行く道はこれしかない」

と思った。そして、

「いよいよ動き出す時がきた。今こそ準備を始めるのだ」

と決意を固めたのである。

政治家をめざす自分の人生に手応えをつかんだと言ったらいいのだろうか。本を読み終えた後、私の中で自分の進むべき方向性がはっきり見えてきた。

二年になって雄弁会に入会した。

政治家の命は言葉である。いくら立派なことを考えていても、それを言葉にして伝えなければ意味がない。言葉の重みを雄弁会では学んだ。また、雄弁会には幹事長という職責があり、年に二回、幹事長選挙をやる。いずれ地方選挙、国政選挙に出ようかという学生たちは、本物の選挙を模した幹事長選にしのぎを削り、経験を積んでその日に備えるのである。

私は三年生になって後期の幹事長選に立候補した。公約を掲げ、投票権を持つ会員の自宅や下宿先を回って支持を訴えた。激戦の末、三二票対二七票と五票差で当選を果たした。

この時の選挙で学んだのは「謙虚であれ」ということである。謙虚さがないと人は支持してくれない。有力な対抗馬がいる中で明確な支持を取り付けることの難しさも思い知ることになった。

第三章　教育への覚醒《めざ》め

家庭教師の体験を通して知った教える喜びや感動が、
私を教育の世界に深く引き込んだ。

大学三年の秋、腰を据えて政治家をめざそうと決める

大学三年の秋、雄弁会での活動も佳境に入り、腰を据えて政治家をめざすということで私の心は固まった。

ある時、早大出身の政治家たちの経歴を調べていて、マスコミから政治家に転じた人が結構いることに気づいた。そこで、大学卒業後はまずマスコミに入り、チャンスをつかんで政治家に転身しようと考えた。

だが……。

この計画には無理があったようだ。学生運動に首を突っ込むなどして一年次にほとんど勉強らしい勉強をしなかったため、すでに留年が決まっていたのだ。その現実が重くのしかかってきた。留年となると、マスコミにしろ何にしろ、大手企業への就職はそう簡単にはいかないだろう。進路選択の幅は否応なく狭まってしまう。それに学費を稼ぐ必要も出てくる。頼みの綱の奨学金は四年までで打ち切りとなるから、新たな財源を確保しなければ卒業すらおぼつかない。

無事に卒業できたとしても、そこで何をやるのか。あくまでマスコミにこだわるのか、

それとも別の道があるのか。

一般の大学生にとって一番悩ましいのは卒業後の進路である。それは私とて同じで、この時期、大いに悩んだ、と言いたいところだが、実はそうでもない。半ば開き直りにも似た、淡々とした心境で毎日を送っていたのである。

改めて学生生活を振り返ってみて、勉学をおろそかにした後悔から、もう少し勉強して学問を深めたいという気持ちも生まれていた。

「大学院に進むことも選択肢の一つだろう。それにはお金が必要だ。アルバイトをたくさんやった経験を生かして、まとまった収入の得られる仕事をしてみよう。政治の世界に入る前に、そのお金でじっくり勉強してみるのも一つの手ではないか」

漠然とそんなことを考えていた。

家庭教師になり、教えることの面白さを知る

一〇月のとある平日。午後二時過ぎ、いつものように高田馬場駅からキャンパスに向かって歩き始めると、高校時代からの一年先輩である田島さんに呼び止められた。

「よぉ！、下村、しばらく。前から連絡しようと思っていたんだが、どうだ、ウチの塾の

講師になってくれんか」

いきなりバイトの勧誘を受けた。

田島さんは大学二年生ぐらいで学習塾を開き、すでに百数十人もの生徒を集めていた。講師も二〇人ほど雇い、立派な学生実業家としてキャンパスでも話題になっていた人である。急成長を遂げる学習塾は、今で言えばベンチャー企業の走りのようなものだろう。

生徒はどんどん増えているのに先生が足りなくて困っている。塾に来て手伝ってくれ、というのが誘いの趣旨であった。

この話には惹《ひ》かれるものがあった。というのは、私は大学一年のときから家庭教師をやっていて、子供たちの成績を伸ばすコツのようなものをつかんでいたのである。コツといっても、それは点を取るためのテクニックの伝授ではない。子供たちのやる気を引き出し、自信を持たせてやる。それさえできれば、あとは放っておいても彼らは自分で勉強を始め、成績もどんどん上がっていくのだ。私はそのことを、身をもって体験していた。

教えることの何と楽しいことだろうか。一対一の家庭教師に対して、塾講師は一度に大勢の子供を教える。塾の講師はまだ経験がなかった。田島さんの話を聞いて、やってみたいと思った。ただ、ちょうど雄弁会の活動が忙しい時期であった。むろん家庭教師のバイトも続けている。とても新たに時間を取る余裕はなく、しばらくはそのままにしておいた。

二つの信念——「機会の均等」と「学ぶことは権利だ」

私は教育学部出身のせいか、

「教師になろうと思ったことは？」

と、人から聞かれることがある。

周りには教員志望の学生が大勢いたが、教師になろうとは思わなかった。私は教師になりたかったのではなく、政治家になりたかったのだ。

だからといって、教師という職業を敬遠していたとか、避けていたということはない。教職は魅力的な仕事であり、生涯をかけて取り組むに値する尊い職業である。そのことが念頭にあったので、教員免許だけは取っておこうと考えた。教育実習は母校の高崎高校でやっている。

教育は、政治家をめざすにあたり、中心的なフィールドと思い定めた分野である。政治家にも得意分野があっていい。いや、むしろ、それぞれの政治家が生涯かけて取り組む分野、テーマを持つべきであろう。私の場合、それが教育であった。だから教育学部に入学した。

高校や大学の頃、私は次のようなことを考えていた。

交通遺児として貧窮にあえぐ生活の中で、たまたま奨学金の貸与を受けて希望する高校へ進学できたものの、貧しさから高校、大学へ進学できなかった生徒も同じ中学にいた。当時の高校進学率は約八〇パーセントである。進学できなかった二〇パーセントのうち、ほとんどの生徒は高校へ行きたかったに違いない。そんな貧しい家の子供たちのためにも、教育上、「機会の均等」が保障されなければならないと痛感した。

もう一つ考えたのは、「学ぶことは権利だ」である。当時の日本は、貧乏な家の子供が高校、大学へ進学することに対して、ややもすると、贅沢だという風潮があった。貧しい家庭の子女はさっさと就職して働け、というのだ。これは違うなと思った。学びたい子女には「教育を受ける権利」があるはずだ。

誰にでも、望む場所で、望むような形で学べる「権利」がある。言い換えれば、多様な教育内容を前提として、選択の自由を認めるようなシステムが必要だということである。貧しかったら奨学金を充実させ、働きながらでも通える定時制を増やす、学習障害があればその障害の程度に応じた教育方法を提供する、不登校の子供たちには彼らにも学べる場を用意する、といったことである。

「機会の均等」「学ぶ権利」というこの二つのことは、自らの実体験を通してつかんだ考え方である。

その後の私は、塾経営者、都議、国会議員の活動を通じて、さまざまな教育改革の理念や信条を固めていくことになるが、この二つはそれらの土台となるものである。

教育の奥深さに心を奪われた

「これだったら、自分でもやれるのではないか」

田島さんの塾を見学しての感想である。

私自身、小中高と塾に通ったことはなく、今しがた書いたように塾の先生の経験もなかった。塾とはどういうものなのか、まだあまり知識がなかったので、後日、確認に行ってみた。

確かに田島さんの塾はにぎわっていた。経営が順調にいっていることもよく分かった。講師の先生方が何をやっているかも大体把握できた。

そこで思ったのは、講師になって田島塾の手伝いをするよりも、自分で塾を作って経営したほうが面白いのではないか、ということである。

次から次へと子供たちが来ているのだから、ニーズはあるはずだ。うまくやればきっと繁盛する。なぜなら、田島塾という成功例があるのだから。

自分で経営者になって塾をやれば、収入も格段に増え、今後の見通しもつく。勉強を続けていく展望も開けるだろう。そんな考えを胸に抱いて、その年の暮れ、確か一一月か一二月だったと思うが、

「来春、三月には開塾しよう！」

と決心したのである。

塾を開こうと決めてからは、ああでもない、こうでもないと頭をひねり、構想を膨らませていった。

「近所の子供たちをたくさん集めて、みんなでワイワイ、ガヤガヤやりながら、勉強する、遊ぶ。一つのコミュニケーションの場をつくることができれば、最高じゃないか」

「どんな塾にしよう？　教育方針は？　カリキュラムは？　生徒はどうやって集める？」

プランを練っては一人考え込んだ。歩きながらブツブツつぶやいたり、ニンマリしたりした。おそらく私の顔は、夢遊病者のそれに違いなかった。

これを機に私は教育の世界に深く入り込むことになる。そこまでする気になったのは、家庭教師の体験を通して、教える喜びや感動をある程度知っていたからだと思う。その意味で、家庭教師のアルバイトは、私の進む道に大きな影響を与えたと言えよう。中でも、

私が最初に教えた小学六年生のある少年のことは、いまだに忘れられない。

　彼は一年後に中学受験を控えていた。名門塾の準会員で毎週日曜日にテストを受けていたが、成績はいつも四〇〇〇人中の三五〇〇番くらい。テストの度に思わしくない順位が出てきて、すっかり自信を喪失してしまっていた。ただでさえ気が弱く、神経質な性格に加えて、名門中学校に入れたがっていた親のプレッシャーをまともに受けて、精神的に押しつぶされそうになっていた。私は問題の解き方や考え方を教えるよりも、自信を持たせるのが先決だと考えた。

　勉強がよく分かっていない部分が相当あったにしても、問題の根本はそこにはないと思ったのである。それよりも、基礎・基本を徹底してケアレスミスをなくさせ、自分の力で問題を解く姿勢、態度を身につけさせる必要があった。そこで、手取り足取り教えることはやめて、できるだけ自分の力でやらせた。解けないときはヒントだけ与えて励ましてやり、同じテストをもう一度やらせた。すると、答えを教えていないのに五〇点が七〇点に上がっている。

「ほら、やればできるじゃないか。頭が悪いなんてことはない」

　と言って褒めた。このように、ヒントだけを与えてとことん自分で考えさせる、解けたら褒めるというやり方を繰り返す中で、彼の成績は上がり始め、半年後には最高六番にまでなった。彼は第一志望こそ落ちたものの、ほぼ同レベルの第二志望に合格した。

つくづく教育というのは面白いものだなと思った。子供に自信を持たせるだけで一年も経たないうちに成績がみるみる上がっていくのだから。

ところが、彼との関係はここで終わらなかった。のちに彼の父親の仕事が行き詰まり、一家離散の憂き目に遭ったのである。親戚の家に預けられたと聞いて、放っておけずに私はその家を訪ねていった。

行くと、前は倉庫だったところに一人で住んでいた。私は涙が止まらなかった。「かわいそうに」とか「お前が悪いわけじゃない」などと甘い言葉をかけることもできただろう。でも、それはしなかった。私は心を鬼にして言った。

「俺もどん底だったからなあ。でも俺がそうだったように物は考えようだ。かえって今回のことやこの暮らしでもっと大きく成長するはずだ。間違いない。大学に入ったら俺がアルバイトを探すでもなんでも面倒みる。だからそれまで頑張れ。頑張るんだ」

彼は、

「先生、わかってるから」

と言ってくれた。

それからの彼は、驚くほど逞《たくま》しくなっていった。

将来の選挙地盤を考えて開塾の地を探す

塾をやろうと決めたとき、私の頭の中の半分ぐらいを占めていたのは選挙のことだった。塾を開くなら、その土地を自分の選挙地盤にして、来るべき選挙の日に備えようと考えたのである。

私のような何の後ろ盾もない人間が国政にチャレンジして勝機をつかむには、「どこから選挙に出るか」は大問題であった。新興の人口急増地ならば可能性があるかもしれないということで、それまでも、板橋区から埼玉県にかけての東武東上線沿線を折に触れて調べていた。

人口が増え子供の数が増えているところは、いずれ選挙区の定数も増える可能性がある（当時は中選挙区制だった）。そういう土地は塾を開くにも魅力的な場所である。

そんなわけで、私は日曜日ごとに一つ一つの駅に降り立ち、周辺を歩いてリサーチした。最初に目をつけたのは志木《しき》（埼玉県新座市）である。付近には慶応志木高校、立教高校（現・立教新座中高等学校）、跡見学園女子大学があり、印象は良かった。残念なことに、ここは塾も多く、手頃な物件が見つからないままアウトとなった。

次は北上して鶴瀬《つるせ》（埼玉県富士見市）。のどかな田園風景の広がっているところで、小学校や団地があった。いいマンションも見つかった。難点は、声をかけていた講師たちの住まいから遠すぎたことだ。

立地条件が良く、なおかつ一介の学生に塾の教室としてビルの一室なりフロアなりを貸してくれるところは、なかなかない。いろいろと骨折った末に、板橋区の東武練馬駅近くで見つけた新築のアパートに決めた。運の良いことに、近くにはまだ大きな塾がなかった。東武練馬は私が下宿していた下赤塚の一つ手前（池袋寄り）の駅である。これで住まいも仕事場も板橋区のご厄介になったことになる。それならば将来はこの板橋区から選挙に出ようとこのとき決めた。

大学四年生になる年の三月初め、東武練馬でアパートの一階の二つの部屋（戸）を正式に契約した。二つとも六畳、四畳、キッチン・トイレ付きである。

支払いは全額、借金でまかなった。机や椅子、黒板なども一切新品を使わず、田島さんに古道具屋を紹介してもらって中古をそろえた。儲かるまでは節約第一、見てくれよりも中身で勝負という気持ちである。

塾の名称は「博文学院」とした。読みは本名の「ヒロフミ」ではなく「ハクブン」。政治家になってからは、自分の名前もこの読み方で通している。

開塾準備に、講師をやってくれるメンバーや友人・後輩たちが手伝いに来てくれた。その中で字のうまい友人が、墨汁で「博・文・学・院」と模造紙四枚に大きく一文字ずつ書いて、その四枚を窓ガラスに裏側から貼って看板代わりにした。道行く人たちの目には、寺子屋に毛の生えた程度のものとしか映らなかったに違いない。事実、わが博文学院は「ハリガミ塾」の異名を取り、友人たちは「いつでも夜逃げできるからいいじゃないか」と励ましとも慰めともつかぬ言葉を私にかけてくれた。

DMで地道に生徒集め

さて、いくら形を整えても、生徒が集まらなければ塾はスタートできない。生徒集めに失敗すれば、開店休業、即夜逃げという展開もあり得ないことではない（いくらなんでもそんな無責任なことはできないが）。そうならないよう田島先輩に教えを乞い、そのアドバイスに従ってＤＭ（ダイレクト・メール）を出すことにした。

今と違って個人情報保護法はなく、区役所の出張所に行けば、住民台帳が自由に閲覧できた時代である。小学四年生から中学三年生の子供がいる家庭を調べて、その名簿を友人と二人で全部書き写してきた。その数およそ四千名。さらにそれを元に封筒の宛名書きをやった。転記するだけとはいえ、大変な作業である。

これをやり終えてＤＭを出したところ、三月中に約四〇名、四月末には六二名の生徒が集まってきた。

その頃、つまり一九七〇年代後半、世の中には学校教育に対する不信感が広がっていた。授業についていけない生徒が高校で七割以上もいるという調査もあったほどである。そういう子供たちは「落ちこぼれ」と呼ばれ、公教育は彼らの扱いに手を焼いていた。そこへ現れたのが民間の学習塾である。大小入り乱れて雨後のタケノコのように塾が生まれ、「乱塾時代」という言葉は流行語にもなった。親たちがこぞって子供を塾に行かせる一方で、塾に対する批判の声もにわかに大きくなった。いわく、

「所詮、塾はカネが目当て。本気で子供のことなど考えていない」

「教育界に巣くう寄生虫だ」

「いくら受験テクニックを教えても、本当の学力は身につかない」

「子供から遊びの時間を奪い、自主性を奪った」

「仲間を蹴落としてでも競争に勝たせようとする塾は、人間性を歪《ゆが》める」

といった具合である。

批判が当たっている塾があったことは否定できない。だが、塾には進学塾もあれば補習

塾もある。基礎力を重視する塾、難問を解かせて考える力を育成する塾といろいろである。多種多様な塾が産声を上げている現実を見ないで、「塾」という名の下に十把《じっぱ》一絡《ひとから》げに批判するやり方は公正とは言えない。

塾は学校関係者の敵意にさらされながらも、当事者である子供たちとその親から絶大な支持を受け、次第に社会に定着したのである。

集まった生徒は問題児ぞろい

最初に出したＤＭの数はおよそ三五〇〇通である。三月だけで四〇名もの生徒が来たことに講師たちの誰もが目を見張っていた。何しろまともな看板一つない「ハリガミ塾」である。本当に給料が出るのかと彼らはそれすら疑っていたようだ。

もっとも、たとえ給料が出なくても、生徒さえ来ればちゃんと教えて成績を上げてやろうと彼らは手ぐすね引いて待ち構えていた。「六人のサムライ」と名づけた、みな人の良い愛すべき私の仲間たちだ。その中には、品川で新聞配達をしていたときの友人もいた。彼には副学院長になってもらった。

私は塾長（学院長）であり事務長であり掃除係であった。経営者とは、要するに何でも屋。授業はみんなで分担し、私も教える。それ以外の雑用は全部、私がやった。

塾経営はたちまちにして軌道に乗った。私は下赤塚の下宿を引き払ってそこを住居兼用としていたが、これはうれしい誤算であった。スペースが足りず、数カ月後に私は近くに引っ越すことになる。

最初は「四〇人もよく来たなあ」と思って、私はうれしさ半分、驚き半分といったところだった。ほどなくして、これにはカラクリがあることが判明する。面接などで一人ひとりの事情が分かってみると、大半がドロップアウトした子たちだったのである。

大きく二つのタイプの子がいた。

第一に、既存の学習塾に入れない子供たちである。学習塾の多くが、入塾テストをやって一定の成績以上の子しか受け入れていなかった。上中下でいえば、成績が下位の子、あるいは下位の中でも上の方だけは受け入れて、それより下の子はお引き取りを願っていた。

第二に、交番でリストに挙がっている世に言う問題児、非行歴のある中学生。学校もお態度や素行もチェックされる。ほかの子に迷惑をかけるような子は入れてもらえなかった。

手上げ、親もお手上げで、「おたくで何とかしてくれないか」というような子供たちである。

中学生は大体この二つのタイプにあてはまる。小学生はそうでもなかったが、勉強ができる子はあまりいなかった。

わが塾は面接のみで入塾テストはしなかった。「生徒の差別はしない」が開塾当初の方針である。学校や家庭で相手にされなかった子供たちを、そのまま放っておいてよいはずがない。社会のどこかが彼らを引き受け、救うべきだろう。彼らは問題児かもしれないが、まったく勉強に興味がないわけでない。なければ、わが塾の門を叩くこともなかったはずだ。来る者は拒まず、来てくれた以上は責任を持って引き受けようと思った。

生まれた時から悪い子はいないのだ。その後の環境で良くもなれば悪くもなる。情熱を込めて教えればきっと良くなるだろう。彼らに勉強する機会を与え、一緒に成長したい。この塾はその場であるべきだと私は考えた。

塾長も講師も全員が学生である。我々は若く、正義感に燃えていた。

全人格をかけて子供たちと向き合う熱血教育

博文学院に休日はない。

平日は月曜から土曜まで授業をやった。これは有料で行う正規の授業である。日曜は希望者を対象にスポーツと補習をやった。こちらは無料である。

毎週日曜の朝七時。中一を中心に一〇人から二〇人の小中学生が塾に集まってくる。男子に混じって女子の姿もちらほら見える。

三キロほど離れたところに高島平団地があり、そこまでみんなでよく走った。最初は軽くジョギングして体を温め、徐々にエンジンをかけていき、最後は競走だ。さすがに中三の男子はかなり速い。油断しているとこちらが負けてしまう。私はゴールの高島平公園入り口まで彼らと抜きつ抜かれつのトップ争いを演じた。

公園の芝生に寝転がって待っているうちに、ビリの小学生が入ってくる、大抵は小学四年生の女の子だった。その子は特に私になついている風にも見えなかったが、いつも朝から参加していた。

一休みすると、次は野球である。鬼ごっこのときもある。汗びっしょりになるまで全員で遊んだ。それから、車も通らないような小道を遠回りして帰る。道すがら、ヒマワリがたくさん立ち並んでいるところにさしかかると、

「ヒマワリは、いつも太陽の方を向いているからヒマワリって言うんだ」

などと他愛のない話をした。

我々は小一時間かけて、おしゃべりしながら歩いて塾に戻った。

塾に着いても、子供たちはなかなか家に帰りたがらない。それを無理やり返して午前中が終わる。

家でお昼ご飯を食べた彼らは、午後になるとまたやってくる。今度は補習授業である。この時間だけ来る子もいた。

勉強が遅れている子ややる気のない子は、なるべく日曜も来させ、特に中学生は、中間テストや期末テストがある時は全員集合でテスト対策の補習をやった。

喜んだのは親たちである。こんなに熱心な塾は見たことがないと我々は大いに感謝されたものだ。

塾を始めた頃の筆者。生徒と一緒に撮影

この時期に面倒を見た生徒には、今も記憶に残っている子が多い。全人教育と言ったらいいのか、勉強だけでなく、一緒に汗を流し、時には膝《ひざ》詰《づ》めで話し合い、怒ったり、笑ったり、教え諭したりと、自分の全人格をかけて生徒たちと向き合った。

喫煙がきっかけで親に反抗を始め、手がつけられなくなった中三の子は、私のアパートで一週間ほど一緒に寝泊まりして、性根をたたき直して家に帰したこともあった。

塾ではごく普通なのに、家では奇声を発し、錯乱状態になるという子の親から相談を受けたこともある。彼はある時、「自殺する」と言い張って私を手こずらせた。いくら話しても、なぜそんなことを言うのか、私には分からなかった。受験前で精神的に不安定になっていたことが原因だったのかもしれない。彼の心も、彼が何を求めているかもとうとう分からないまま、秋になって彼は塾をやめた。

柔道部の猛者《もさ》で喧嘩と非行に明け暮れていた番長は、何度か自宅に足を運んで説得しているうちに、素直にハイハイと私の言うことを聞くようになった。塾が手狭になって近くのビルに引っ越した時、番長は頼みもしないのに仲間を引き連れて手伝いに来てくれた。「先生は体力がないんだから、そこに座ってな」などと言って、引っ越し業者顔負けの仕事ぶりである。一階から四階まで冷蔵庫を一人で担いで運んでしまうのには驚いた。彼のどこが問題児なのかとしきりに首をひねったものである。

進学塾への転換と拡大路線、結婚

塾を始めて一年が過ぎ、生徒数は一二〇名になった。これならやっていけるという自信が出てきた。塾の方針はこのままでよいか、指導の仕方はどうか、経営に問題はないか等々、考えるべき点は数多くあったけれど、教育の世界にどっぷりつかって塾を続けるという方向性は間違っていないと思った。

この際、マスコミに就職するという考えは捨てることにした。卒業後もこれでやっていこうと腹をくくったのである。

大学卒業と同時に、板橋区役所前に新しい塾を開校した。二つ目の塾である。

博文学院は補習塾の性格が濃厚であった。これに対して、新たな塾は名前も「博文進学ゼミ」とし、受験勉強に主眼を置いた進学塾という位置づけにした。補習塾には補習塾の良さがあり、そのことはすでに見てきた通りだが、塾の拡大経営には向かない気がしたのである。

ある程度勉強ができる子を集める。その子たちをもっとできるようにしてあげる。学力の大幅アップを望んでいる子供と親は大勢いるだろう。彼らのニーズに応える路線を取ったわけだ。

路線変更に伴い、教育理念も再検討して、一行で表現できるキャッチコピー的なものを作った。

「生きるとは自分の能力を引き出すことだ」

これが博文進学ゼミの教育理念である。

ここでは入塾テストも行い、一定の成績以上の子だけを受け入れることにした。

博文進学ゼミは飛躍的に伸びた。わずか一年足らずのうちに生徒数は一七〇名にふくれ上がった。人気校や名門校に行きたい子供たち、行かせたい親たちの期待をひしひしと感じるようになった。経営基盤が盤石になった分、生徒一人ひとりの個性や事情に応じた教育ができたと思う。

今や一国一城の主となり、もはや経済的な不安は感じなかった。精神的にも余裕が生まれていた。

それからしばらくして私は結婚した。

いきさつはこうである。

塾を始めて一年後、生徒数が増えたことにより、月謝の請求・受け取りの事務や会計処理などが追いつかなくなってきた。私一人で全部やるのはあまりにも大変だった。そこで、誰かそういうことのできる人はいないかなと思って仲間たちに声をかけたところ、

「俺の妹がやってもいいと言っている」

と言って、石井（「六人のサムライ」の一人）が妹を連れてきた。

当時、大学二年生。教育系の大学に通っている子であった。両親ともに小学校の教員という教育一家に育ち、自分も学校の先生になりたいと思っていたという。

それが石井今日子で、結果的に私の妻になったわけだ。私が塾を始めたのは二二歳の時で、結婚したのは二六歳である。家内は大学を卒業した年に私と結婚した。それまでの約三年、塾の事務を担当してもらった。生徒を教えるのも、その後、少しやっていた。

家内は教員志望を捨てて私のところへ〝永久就職〟し、以来、塾経営のパートナーともなった。教員にならなかったのは私と結婚するからということで、実家の両親の理解も得たのである。

生徒にやる気を起こさせ、自信を持たせる教育

塾経営がうまくいった理由は何だったのだろうか。

幸運もあったと思うが、決してそれだけではなかった。日曜も朝から晩まで子供たちに投入する熱心さと真面目さが、彼らとその親の心に何かを感じさせたということはあったろう。

もう一つは、着眼点が良かったと私は思っている。一例を挙げるならば、それは子供たちの後ろにいる親、特に母親を巻き込んでいくこと、巻き込むという言い方が悪ければ、

協力を取り付けることに力を入れたことである。

これは自慢話をしたいために書くのではない。少子化が大きく進んだ今日、二十数年前には適切だったことが、今は不適切だということもあるだろう。だが、世の中がどうなろうと変わらないこともある。私は不変の真理を実践しただけという気がしているので、それを書いておこうと思う。

生徒の学力や能力を伸ばすために、私は二つのアプローチをとった。一つは生徒本人に向けて、もう一つは母親に向けてである。

一〇〇人の生徒がいたとして、偏差値を一年間に一〇上げるのは、普通にやっても一割ぐらいの子はできる。一〇人に一人ぐらいなら、できないことはない。でも、それは普通のことであって、「普通」という水準では、進学塾として子供たちを預かっている責任を果たしたとは言えない。それ以上の成果を出さなければいけないが、それには子供の動機づけがポイントになる。

自分は勉強なんかできないと思っていたのが、やればできるという自信がつく。俄然勉強が面白くなってくる。そこまでくれば、あとは放っておいても勉強するようになるから、結果として偏差値が一〇上がる。中には二〇上がる子もいる。一年あれば、現実にそういうことが起こるのである。

一年間で偏差値を一〇上げるという目標なら、やろうと思えば四割ぐらいの子が可能だと思う。

一番大事なのは生徒にやる気を起こさせることである。それにプラスして、効果的な勉強のやり方やテクニック的なことも生徒にきちんと伝えて身につけさせる。

講師は講師で、生徒の状況を把握して、その子にふさわしいやり方で指導する。たとえば、背伸びして一ランク上の問題ばかりやって「できない」と頭を抱えている子には、「焦るな。急がば回れだよ」と落ち着かせて、一ランク落としたところをきちんとマスターさせる。勉強は階段を一段ずつ上っていくようなものだから、いったん一つの階段を踏み外したら、もう一度その階段を上らない限り、上へは進めないものである。そういうことを、講師が一人ひとりの生徒にアドバイスする。これが子供に対するアプローチである。

では、親に対してはどうか。「一年で偏差値を一〇上げることは、やればできるよ」ということを、生徒に話すだけではなくて、親にも直接話すようにした。

「わが子を一年間で偏差値一〇上げるためのノウハウを教えます」

そんなテーマで塾の説明会や集会を開けば、大勢の親が集まってくれる。どの親にとっても関心のあることなので、みんな来るのである。

そこで私は次のような話をした。

「わかりやすい例で言うと、ゴルフをやる、テニスをやる、水泳をやる。一人でやっても、努力すれば一定程度は伸びます。でも、短期で飛躍的に伸ばすのは、一人ではなかなか難しい。そこにコーチがいる、いいアドバイザーがいる、サポートしてくれる人がいる、となったらどうでしょう。誰でも飛躍的にうまくなれるはずです。勉強も同じです。勉強をやらない子は、たとえ自己流でも、やれば絶対にできるようになるし、伸びる。でも、そこに先生がいて、勉強のポイントを教えてくれて、的確なアドバイスをしてくれたら、間違いなくもっと伸びる」

ここまでは、主に塾の役割の説明である。我々にお子さんを預けてくれれば、我々が良きコーチ、良きアドバイザーとなって、お子さんの成績を上げてみせます、という決意表明である。

さらにその先がある。

「その時に、本人がやる気になって頑張ってみようと思うことが大事です。子供に意欲を持たせる。心のスイッチを入れてオフをオンにさせる。ツボに入る。そういうことを塾としてはやっていきたい。しかしそれは必ずしも長続きしません。たまたまテストでいい点を取っても、それでおしまいになってしまうことも多い。偏差値を一年間で一〇とか二〇上げるには、ずっと継続してそういう意欲を持っていかなくてはいけない。スイッチオンの状態でずっと行く。それをどうやってやるかは、実は親次第、特にお子さんと一番身近に接しているお母さん次第なんです」

そこで子供との接し方が大事なのだと強調して、ポイントは三つあると訴えた。

親が子供に接する時の三つのポイント

一つは、純粋に褒めること。

ふだん自分が子供に言っている言葉について自己チェックをやっている親はほとんどいない。あえて自己チェックをやってみれば、気がつくことはいろいろあるはずだ。私の見るところ、すべての親と言ってもいいと思うが、わが子に対して「もっと頑張れ、もっと頑張れ」という思いが根底にある。だから、子供がテストで一〇〇点を取ってきたとすると、ふだんそんな点を取ったことのない子が取ってきたら、親としてはうれしいから褒めるだろう。しかしその時に、

「よく頑張ったね。ところで、ほかに一〇〇点の子は何人いたの？　平均点は何点だった？」

などと、聞かなくてもいいことを聞いてしまう。

必ず他と比較する。子供が一〇〇点を取ったということだけで満足しないのである。一〇〇点を取った子がクラスに一〇人いたとすると、「じゃあ、みんな取ってるんじゃないの」とか「問題が簡単だったのね」とか「なんだ、普通じゃん！」みたいな言葉が、つい口をついて出てしまう。

子供にすれば、「もっと頑張れ、もっと頑張れ」とせかされているような気になる。褒めてもらっていない。

これでは、「まだ足らない、まだ足らない」とムチを入れているのと同じである。親はプラスの言葉を投げ掛けているつもりでも、子供はまったく違う受け止め方をしている。子供の側に、認められていないという渇望感が常に残るのだ。

そういう意味で、子供にプラスの言葉、純粋に褒める言葉をどうかけていくかが、伸びる子にする一つのポイントである。

二つ目は、目標設定である。目標は、何と言っても志望校を決めるのが一番いい。どこに行きたいのか、どこに受かりたいのか。今の成績はこれぐらいで、志望校の偏差値はこれぐらい。あまり高すぎるのは現実的でないにしても、偏差値を一〇上げて受かるレベルなら、チャレンジする価値はある。そういうことを子供と一緒になって考えていく。

三つ目は、計画立案である。目標を決めたら次は計画を立てる。一年後に目標を達成するためにはどうしたらいいか。まず夏休みまでに何をしたらいいのか。今月はどうするのか。ふだんの一週間、毎日をどんな風に過ごしたらいいのか。これまでと同じやり方では、まず偏差値一〇は上がらないだろう。したがって野心的な計画を立てる必要がある。

目標にせよ計画にせよ、黙って子供に任せておいても、子供が自分からそれを作れるとは限らない。やはり親が一緒になって作るのがよい。押し付けではなく、あくまで子供自ら目標を決めた、計画も作ったと思えるような形でそっとサポートする。そして、テレビは一日何時間以内にしようとか、夜はだらだら起きていないようにしようとか、生活も親が注意してゆるやかに管理してやる。

そうやって、受験を通して親子の信頼関係を深めながら、親子の絆を強めながら、二人三脚で乗り越えていくような関係を作れたら、子供は必ず伸びる。

そんな話をするのである。

聞いている親たちは、誰もが「その通りだな」と思う。それはまさに真理だからである。そこで今度は、一カ月後に三者面談をやった。そのときに、計画がどの程度、達成できているかを子供と親と担当の先生が面談してフォローアップすれば、塾に対する信頼は絶大なものになる。ただ勉強だけ教えて「あとは自分で頑張れよ」という塾とはまったく違うからである。「うちの子はやる気が出てきた」という話が毎日のように入ってくる。これはと思う事例は『お知らせ』や広報紙に載せて全家庭に配布した。

「A君は一年かけて偏差値を一〇上げて第一志望に受かった！」

「Bさんは苦手だった数学を克服して数学の成績はいつも上位になった！」

本当にあった事例を見せれば、それは特別な子ではなくて、自分の子だってやればできると本人も親も思うだろう。

生徒と親への対応はきめ細かくやるのが大切で、講師の先生方にもその方針を徹底させた。特に三者面談は丁寧に、きめ細かくやる。そこまでやる塾も学校もめったにないわけだから、生徒が集まってくるのは、ある意味では当然なのである。

一九七七年三月の開塾から六年目に入った一九八二年の時点で、東武練馬校、板橋区役所前校、新板橋校、常盤台校と塾は四カ所に増え、生徒数六五〇名余り、教職員は三〇名になっていた。最終的に生徒数は約二〇〇〇名まで増えることになる。

第四章　政界への進出

日本社会の至るところ、
政治不信と怒りが渦を巻いている。
今こそ世直しが必要だと私は訴えた。

都議選初出馬は落選、妻は病に倒れる

昭和六〇（一九八五）年、三一歳で私は初めて都議会議員選挙に出た。準備はその二年前、二九歳の頃から始め、ポスターを作り、秘書とスタッフを五人確保して政治活動に奔走した。

ある程度の貯蓄はあったものの、選挙となると全然足りない。塾の収益を注ぎ込んでも追いつかず、自分と家内双方の親に頭を下げてお金を借りた。

私一人で選挙はできないから、友人や親族、塾の講師・職員にはこぞって協力してもらう必要があった。選挙に出るについては、特に反対はされなかった。私の志を知って応援してくれた面もあるが、何が何だかよく分からないまま、ただ私の熱意に引っ張られただけだったかもしれない。

出る以上は、勝たなくては意味がない。できること、やれることは何でもやるという不退転の決意で臨んだ。

ところがその頃は、今とは政治風土がかなり違っていた。既存の組織がないとまったく太刀打ちできないのだ。塾経営を通じて培った人間関係や人脈、地域の人たちとのつなが

初めての都議選で街頭演説する筆者（1985年）

りは、小なりといえども私の貴重な地盤であった。だが、それで当選圏内に入れるほど都議選は甘くはない。

私と五人の秘書・スタッフは、一年間、朝から晩まで板橋区内を隈《くま》無く歩いた。家々を訪ねては名刺を渡し、ポスターを掲示させてもらう。毎日必ず駅前や街頭に立ち、演説をする。家内にもフル回転で手伝ってもらった。

告示日は刻一刻と近づいてきたが、勝てる見込みはまったくなかった。これでは間に合わないと思い、二カ月ほど前から家内には一人で選挙区を回ってもらった。

「玄関のベルを押すのは勇気がいる。そして押したところで、これがまた全然相手にしてもらえない」

当時二七歳の妻の弁である。

私のポスターを持って、「下村博文の妻です。このポスターを貼っていただけませんか」と一軒一軒頭を下げて回ったのである。女一人でよくやってくれたと思う。

梅雨時で、雨に濡れることも多かったようだ。過労がたたって、とうとう急性肝炎になってしまった。

告示は六月二八日。家内はその三日前に倒れ、急遽入院した。絶対安静の診断を受けて、そのまま選挙期間中もずっと入院せざるを得なかった。

医者からは、

「もうちょっと入院が遅かったら死んでいたかもしれない」

と言われたそうだ。

おそらく無理に無理を重ねていたのだろう。今となってはなぜ気づかなかったのかと反省するばかりだが、その時は私も無我夢中だった。妻も含め、秘書・スタッフや応援してくれる人たち全員で、全力疾走したままゴールに飛び込みたかったのだ。命の危険もあったというのに、私は入院に反対して妻を唖然《あぜん》とさせた。

家内は投票所にも足を運ぶことができず、病院から在宅投票している。

選挙結果は落選だった。家内は両親から離婚を勧められたという。

「政治家なんかめざしている訳の分からない人とは離婚しなさい。自分の妻に迷惑をかけても知らん顔しているなんてあんまりだ。いくら選挙のためとはいえ、そこまで無理をさせるというのは、親として見ていてしのびない」

家内は心身ともにどん底に落ちていた。

社員の半数が塾を去り、「万骨枯《ばんこつか》る」の悲哀にむせぶ

一万八四〇〇票。

一回目の都議選で獲得した私の票数である。

最下位当選者は二万二八二二票。その差は約四四〇〇票。私は次点の下、次次点であった。定数は五だからあと二人抜かなければ当選できない。五人区で七番目。それでも四四〇〇票は、決して詰められない票差ではない。惨敗というほどではなく、むしろ惜敗と言っていい。

しかし、負けは負けである。みんな私が当選するだろう、最後の最後に滑り込みセーフで受かるだろうと思って応援してきた。それなのに、次点にもなれなかった。おまけに奥

さんは急性肝炎で生死の境をさまよっている。受かると思ったからこそ苦労にも耐え、嫌なこと、苦しいことも我慢できたのである。落ちれば、あとに残るのは敗北感と空虚感だけだ。落選後は、抑えられていた不満が一気に噴き出した。

塾の先生方はその後、半数が辞めてしまった。

「子供を教えたいという思いで塾の先生をやっているのに、なぜ塾長の選挙を手伝わないといけないのか？」

彼らは怒っていた。塾長が塾のお金から選挙費用を捻出《ねんしゅつ》していることも許せなかったようだ。塾を選挙の道具に使うのは納得できないというのである。彼らは自分たちが道具にされたと感じて、プライドを傷つけられたのかもしれない。

「本来、利益が出たら、それは社員の給与に還元するか、塾の整備・拡充に投資すべきである。塾長はお金の使い道を間違えている！」

批判の言葉は、矢の如く私の胸に突き刺さった。いずれももっともであり、反論のしようがない。

塾長が、塾長とは名ばかりで、選挙のための活動にうつつを抜かしていて塾にもあまり来ない。これで大丈夫なのかと自分たちの将来に不安を持ったという側面もあるだろう。

残った社員たちも冷め切っていた。

「しばらく山にこもって滝にでも打たれて修行したほうがいい」

そう言われたこともある。

選挙に敗れたことよりも、人心が離れたことの方がショックであった。自分が政治家をめざした理由、それは恩返しだったはずである。交通遺児となって苦労して、こんな世の中ではいけないと思った。突然父親が亡くなる、突然の不幸に見舞われるということは、誰にでも起こり得る。その時に、高校や大学に行けなくなってしまうということでいいのか。意欲さえあれば誰でも学ぶ機会が持てる。そういう世の中にすることによって恩返しをしたい。それが政治家を志す自分の原点だったはずだ。

「一将功成りて万骨枯《ばんこつか》る」

という言葉がある。

そもそも政治家になって世の中を良くしていきたいという思いでやってきたにもかかわらず、結果的に自分がやったことは、自分一人が成功して周りが全部不幸になるというのと同じではないか。自分もうまく行き、周りもうまく行くということでなければ、人の上に立つ資格がない。そのことを、選挙が終わって痛切に感じたのである。

のちに国会議員になって使うようになった「人を幸せにする仕事、それが政治だ」というキャッチフレーズは、この時の反省から生まれたものである。しかし落選直後の私は

「自分はもう政治家になる資格はない」と落ち込んでいた。

次の選挙に出るのはよそうと考えて、家内にも正直に話した。家内はそれを聞いて、「だったら離婚は思いとどまろう」と思ったらしい。里の両親も安堵《あんど》したようだ。

家内は二、三カ月して退院してきた。しばらくの間、家内なりに悩み苦しんでいる様子がうかがえた。

選挙のことは忘れ、塾経営に専念

落選後、私は塾経営をそれまで以上に真剣に考えるようになり、経営者としての勉強も本格的に始めた。ちょうどその頃、国立《くにたち》学院予備校、今はｅｎａ《エナ》という学習塾を運営する学究社が塾業界で初めて株式を店頭公開した（現・東証ジャスダック）。塾でも上場できることを立証したのである。それまで学習塾は「時代のあだ花」と言われ、日陰者のような存在だったから、上場など考えもつかなかった。ところが、ついに上場する企業が現れたのだ。

この動きに触発された私は、自分の塾をもっと大きくして、より積極的に社会貢献したいと思うようになった。国立学院予備校が上場したときの年商の基準は、確か二〇億円であったと思う。一校当たりの年間の売上げは、五〇〇〇万円ぐらいは可能である。すると、

落選後、塾経営により真剣になった著者

五〇〇〇万円×四〇カ所で二〇億円を超え、それで十分店頭公開する条件になる。単純に考えて、同じ品質の塾を四〇校作ればいいわけだ。私は板橋区の外、埼玉や群馬にもエリアを広げることにした。

計画の実行に着手してからは、政治活動は一切やらなかった。完全に頭を切り換えて塾経営に専念した。

そして四年後の平成元（一九八九）年、再び都議選の時期を迎えたのである。

選挙は七月初めに予定されていた。

多摩方面に桜を見に行ったのは四月のことである。第一子が生まれたのが前の年の一〇月二七日。生後六カ月の長男を乳母車に乗せて、家内と散歩がてら花見に行った。時期が時期だから、あちこちで都議会議員のポスターが目についた。

「ああ、もうすぐなんだなあ」

いよいよ選挙かと思ったけれど、これといって興味は湧かなかった。もはや他人事《ひとごと》という感じである。

咲き誇る桜を愛でながら、自分は幸せだなと思った。結婚もした。九年目にして念願の子供も授かり、その子を連れて親子三人で花見ができる。塾の数も増えた。生徒とその親からは感謝され、経営的にも申し分ない。

我ながら経営者として自信に満ちていたと思う。このペースでやっていけば、いずれ上場できるだろう。上場すれば、株の利益だけで数十億円になる可能性がある。そうなったら、次は私立の学校を創れるかもしれない。

選挙に出るのは四〇歳でいい

自分としては一回目で懲りていた。つまり、いくらきれい事を言っても選挙にはお金がかかる。塾のカネを注ぎ込んだけれども、それでも足りなくて双方の両親から借金した。全部で五〇〇〇万円は使ったと思う。それで当選したのならまだしも、あえなく落選。社員は半分以上辞めてしまった。

家内も一人で選挙区を回っていて、「どこの馬の骨とも分からないような者を、なぜ応援しなければいけないのか」と罵声を浴びせられ、雨の中、傘も差さずにずっと立たされて三時間も説教されたりした。それで病気になって入院してしまった。踏んだり蹴ったりとはこのことである。

こんなことになったのはなぜなのか。結局は自分が悪い。やり方が強引すぎたのだ。自分のことしか見えていなかった。周りの人たちが悲鳴を上げて、こんなやり方は長続きしないと気づかせてくれた。

今度、選挙に出るとしたら、その時は人に迷惑をかけないようにやろう。そしてなおかつ、もう塾のカネを引っ張り出すのはやめて、上場して誰にも文句を言われないお金を作ってからやろう。株を売却して利益が出る分には、社員に迷惑をかける話ではない。社員に迷惑をかけないように財政的な基盤を整え、それから選挙に出ることを考えたほうがいい。そうすれば、もっと自然な形で活動ができるだろう。

三カ月後の都議選を前に、腹は決まっていた。

「時期尚早だ。自分はまだ三五歳。選挙に出るのは四〇歳でいい。その時は上場も達成している。もしかしたら私学の学校法人もできているかもしれない。もっと余裕ができてからチャレンジしよう」

政治家になる志は捨てていない。それは言うまでもないことだ。ただ、物事には順序があると考えたのである。

「チョビひげを蓄えた中年男に、誰が投票するものか！」と一喝された

それから間もなくして、私は交通遺児育英会の玉井さんの元を訪ねた。多摩の方へ桜を見に行ったその時の感覚のまま、出馬辞退の報告に伺ったのである。

それというのも、一回目の選挙で玉井さんにはひとかたならぬお世話になり、いろいろと相談にも乗ってもらっていたからである。

前にも述べたように、玉井さんは同会の事実上の責任者をされていた。遺児のため毎月、継続的な支援を行う「あしながさん」制度を考案したのは玉井さんである。この制度は大反響を呼び、奨学金制度はより充実したものになっていた。玉井さんはのちに、新たに設立された民間の「あしなが育英会」に移り、一九九八年からは会長を務めることになる。

最初の選挙の際、玉井さんをはじめ育英会の学生が五〇人ほどボランティアで手伝いに来てくれた。私のポスターを脇に抱えて、

「下村博文候補の交通遺児の後輩です。先輩のために私たちは応援に来たので、是非このポスターを貼らせてください」

と言って、一軒一軒回ったのである。

玉井さんは学生たちに呼びかけるだけでなく、自分も先頭に立って回ってくれた。これには頭が下がった。心底、すごい人だなと思ったものである。玉井さんが自ら汗をかき、率先して動いてくれたので、学生たちがついてきたのだ。そうでなければ、彼らはやれと言ってもやらないだろう。そもそも言われてできる仕事ではない。何しろ無給無償の純粋なボランティアなのである。

日野に育英会の学生寮があり、そこの学生たちが、五月の連休などを使って私のマンションにやって来る。貸し布団を三〇組ほどレンタルして、そこに雑魚寝をしながら二日連続、三日連続でポスター貼りをやってくれた。

そういう経緯があったので、前回の選挙から四年経って、今度はどうするのか、出るのか出ないのか、私には説明する責任があった。

玉井さんには由美さんという若い、年の離れた奥さんがいて、頸椎腫瘍《けいついしゅよう》という難しい病気で闘病生活を続けていた。その頃は余命幾ばくもないという状況で、玉井さんはつきっきりで看病されていた。

玉井さんと話したのは、病院にほど近い京王プラザホテル（新宿）の地下にあった喫茶店である。

「今回は出馬しないことにしました。塾が好調なので上場して資金を蓄え、四〇代になってから出たい」

と伝えた。

するると、何をバカなことをと言わんばかりに、強烈な説教を喰らった。

「塾でカネを儲けてチョビひげを蓄えた中年男に、誰が投票するものか。お前は若いし、青雲の志があるから票を託すんじゃないか。今やるか、もうやめるか、どっちかにしろ！」

「お前は貧窮の中から這い上がって政治家を志したんだろう？　恩返しをしたい、世の中を変えたいと。その志があるから、後輩の遺児たちも、渋々ながらもみんなボランティアで応援しに行くんだ。連休をつぶして、泊まりがけで手伝ってくれたじゃないか。でも、お前がそんな金持ちや小金持ちになったら、いったい誰が応援に行くんだ。誰も行きやしない。自分で好きなようにやればいいじゃないか。そもそも選挙に出る大義がないか？」

「父親を亡くして苦労した原点はどこへ行った？　苦学したからこそ今があるのではないか？　その原点を忘れて何が塾の経営だ。カネがたまってから政治をやりますと、そういうものではないだろう」

玉井さんの説教は延々三時間続いた。

「人生は一度きり、いつ死ぬか分からない。若いときは今しかない。今やらないでいつやるんだ」

と懇々と説き続ける玉井さんを前に、私は何も言えなかった。

「わかりました」

とだけ返事をして、その場を辞した。

カンパとボランティアの選挙で人心をつかめ！

玉井さんは世の中の空気や風向きに敏感な人だった。

その年の四月一日、初めて三パーセントの消費税が導入され、リクルート事件がそこに重なって世情は騒然としていた。リクルート事件とは、リクルート社が子会社のリクルート・コスモス社の未公開株を、政財界や官界の有力者たちに譲渡していた事件である。この株は店頭公開直後に値上がりし、株の持ち主は莫大な利益を得たとされる。贈収賄罪などで政治家を含む一二人が起訴される事態となり、竹下総理は退陣表明に追い込まれた。

政治家には濡れ手で粟《あわ》で大金が入り、一方の庶民は大根一本買うのにも消費税を払わされている。なんとも納得のいかない話である。フラストレーションをため込んだ国民は、自民党政治に厳しい批判を突きつけていた。

そういう社会情勢であるから、今回は勝てると玉井さんは強気だった。

「これは俺の直感だが、こんなチャンスは二〇年に一度あるかないかだ。正味三カ月しかないけど、今からでも間に合う」

また、こうも言った。

「物は考えようだ。前回は一年以上前から活動してお金も大変だったかもしれない。だけど今回は三カ月だ。そんなにはかからない。ならば、それを逆手に取れ。カンパとボランティアの選挙に徹しろ。それで十分やれるはずだ。お前は交通遺児で、貧困の中から立ち上がって政治家をめざしているのに、それと逆のことをしたら、有権者から見てそのコンセプトはよく分からない。できるだけお金をかけないようにやって、かかる分については、カンパでまかなえ。チラシも手書きにして、いかにもお金をかけていないというチラシにしろ（そうすれば実際にもお金はかからない！）。そこには『カンパとボランティアの選挙に徹します』と書け。

選挙はお金だけじゃない。物《ブツ》も必要だ。古い机でも椅子でも備品でも、何でも結構ですと提供してもらうんだ。街頭演説をやるときは、必ずカンパ箱を置いて、一〇〇円カンパ

二回目の都議選にのぞむ筆者（1989年）

でいいからお金を出してもらえ。一〇円でも一〇〇円でも出してくれた人は、絶対にお前に投票もするはずだ。投資なのだから。そうやって手作りの選挙でやれ」

玉井さんの一体どこからこんな知恵が湧いてくるのか、私はただただ驚き、感心するばかりだった。

前回の落選後、政治活動から手を引いていたので、出馬を決めたときの私は泡沫候補でしかない。それが、玉井さんの言う通りやっているうちに反響があり、みるみるうちに他陣営を脅かす存在になった。事実、街頭演説ではカンパしてくれる人が大勢いたのである。政策レポートのチラシなどに「一〇〇円カンパとボランティアのおねがい――応援してくださる人は下記へご連絡を」と書いてPRしたところ、これが図に当たり、総額一〇〇万円ものカンパが集まった。

もっとも、すべてが順調にいったわけではない。

玉井さんの話によると、育英会の学生たちの間で私の評判はさんざんだったようだ。彼らは前の選挙で懲りていて、その時の〝悪評〟が先輩から後輩へと受け継がれていた。

「あんな偉そうにしている人は応援したくない」

「威張ってばかりで、口を聞くのもいやだ」

「いくら玉井さんに言われても、手伝いたくない」

二回目の都議選、勝利をもぎ取る（1989年）

こんな調子で、当初、応援に動いてくれる学生が誰もいなかったのである。まさに若気の至りで、私の不徳の致すところと言うほかない。鼻っ柱が強く自信満々なところが自分の持ち味だったが、天狗《てんぐ》になっていた部分もあったかもしれない。

嫌がる学生たちの協力を取り付けるため、玉井さんに言われて何人かの中核メンバーを口説きに行った。

それまでの経緯を説明し、「前回のやり方は十分反省している。もう傲慢なやり方はしない。今度はカンパとボランティアでやりたい」と話して理解を求めた。

「そういうことなら、もう一度、だまされたと思って協力します」

と、彼らは言ってくれた。

「一票一揆《いっき》」の世直し選挙でついに政治家となる

玉井さんの助けはこれにとどまらなかった。あとになって知ったことだが、ビラ配りを拒否する学生たちを前に、

「あの男は将来、政治家として大成する。お前たちがやらないなら、私一人でもやる」

と言って、ここでも先頭を切ってくれたのだ。

玉井さんは一人で高島平団地に行き、一番てっぺんまで上がって、上から一軒一軒配っていった。それを知った学生たちは一人、二人と手伝い始め、それからはみんな一生懸命やってくれたという。

学生やボランティアで参加した人たちが、選挙区内の隅から隅までビラを配布し、ポスターの掲示もお願いしていった。

選挙のキャッチフレーズは「もう、ガマンできない!」。

日本社会の至るところ、政治不信と怒りが渦を巻いている。今こそ世直しが必要だと私は訴えた。世直しのために、貧困層から身を起こした自分がカンパとボランティアの選挙をやる。どうか支援してほしいと呼びかけた。

学生たちは、どこからかむしろ旗を探してきて、「もう、ガマンできない！　一票一揆で世直しを」と大書して掲げた。

一票によって一揆を起こそうという趣旨である。

街頭では、まず私が演説をする。それが終わると、学生が一〇人ぐらいむしろ旗を持って行進した。

インパクトは大きく、私は一躍、「台風の目」として急浮上したのである。

最終的に、自民現職を落として最下位で当選ラインに滑り込んだ。得票数は二万八七八三票であった。

当選後しばらく、私は二兎《にと》を追っていた。二兎とは、都議と塾経営のことである。

塾は多店舗展開により一三校まで増やし、生徒数は約二〇〇〇名になった。そう遠くないうちに上場できるという手応えはあったが、二兎を追えばどちらも中途半端になる恐れがあった。

私がやりたいのは政治である。塾を大きくして上場したいと考えたのは、長い目で見て、政治家になるための資金確保と選挙地盤作りが目的だった。しかし事情は変わった。早々と政界入りを果たした以上、塾経営の方はそろそろ潮時《しおどき》かなと考えた。

一、二年経った頃、塾は人に任せ、政治に専念することにした。保有する株もすべて売却した。

「博文進学ゼミ」の名前はそのまま残っている。板橋では今でも私が経営していると思っている人がいるようだ。実際はノータッチで、完全に縁が切れている。

第五章

世界一やりがいのある仕事

人を幸せにする。
これ以上、やり甲斐のある仕事があるだろうか。

小選挙区制の導入を機に国政に進出

都議になった当初、無所属だった私は、二年ほどして自民党から声をかけられた。政策や信条に共通点が多かったことから、私はこの誘いを受けた。二期目は自民党から出馬し、都議を二期七年務めたところで幸運がめぐってくる。

戦後日本の象徴とも言える自民党単独政権の時代は終わりを告げていた。七党一会派から成る非自民連立政権が誕生したのが平成五（一九九三）年八月のこと。首班は日本新党の細川護熙《ほそかわもりひろ》代表である。細川政権のほとんど唯一にして最大の業績、それが選挙制度改革であった。このとき実現した改革が私にチャンスをもたらした。衆議院総選挙の仕組みが、それまでの中選挙区制から小選挙区制に変わったのである。

一つの選挙区で三～五人を選出する中選挙区制に対し、小選挙区制の当選者は一人だ。中選挙区制では、同じ政党が複数の候補を立てることが多い。これだと、それぞれの候補が属している派閥間の戦いになりやすい。また、やたらとカネがかかる。たとえば、自民党が同一選挙区に三人の候補を立てるようなケースを考えてみると、三人とも同じ自民党だから政策や信条にそれほど大きな違いがあるわけではない。すると、どれだけ資金力があるか、どれだけ地元に利益誘導できるか、といったことが勝敗の決め手になる。政策は二の次三の次に回され、金権政治や利益誘導政治に陥りやすいのである。

小選挙区の場合、どの政党も公認候補は一人である。その候補は政党の看板を背負って戦うことになる。選挙はおのずから政党同士の戦いとなり、政策論争が活発になると期待された。政党がお互いに政策を掲げて戦い、金権政治、利益誘導政治の元を絶つ。これが小選挙区比例代表並立制導入の狙いであった。

橋本《はしもと》内閣の下で行われた平成八（一九九六）年一〇月の選挙は、この小選挙区制になって初めての衆議院総選挙だった。私は四二歳になっていた。板橋区と北区が一つの選挙区であったのが、新たに板橋区だけの単独選挙区（東京一一区）となり、このチャンスを逃す手はないと名乗りを上げて、自民党の公認を得た。

投票日の三日前に逆転

中選挙区時代の板橋区・北区は三人区である。それまでは自民党、公明党、日本共産党で議席を分け合ってきた。小選挙区に切り替わったのは、新進党ができて間もない頃である。公明党は新進党に合流していた。新進、共産の強敵を向こうに回して、自民新人の私が果たして勝てるのか。勝者が座るイスは一つしかないのだ。

新進党の候補は、現在、松下政経塾の塾頭をされている古山和宏《ふるやまかずひろ》氏だった。古山さんは中選挙区時から数えて三回目の選挙だったと思う。

共産党は大ベテランの中島武敏《なかじまたけとし》氏。六期当選の強者《つわもの》である。板橋は割合、共産党が強いところで、最初の都議選で家内が一人で選挙区を回ったときは、よく筋金入りの支援者から文句を言われて立ち往生したらしい。

自民新人の私は、誰がどう見ても不利な立場である。直前のマスコミ予想では、当落線上どころか、厳しいという評価が出ていた。中には無印、つまり全く歯が立たない、見込みがないとしたところもあった。

初めての衆院選である。選挙戦入りしたときは「負けている選挙」という皮膚感覚があった。小選挙区では他候補を一票でも上回れば当選するが、そうでなければ落ちる。二人の有力候補を猛追して三つどもえの大激戦に持ち込み、最後は一頭地《いっとうち》を抜きん出なくてはならない。そういう熾烈《しれつ》な選挙を戦って、私の中では「投票日の三日前に逆転したな」という感覚がある。

制度上、比例区での復活当選という道もある。だが、小選挙区の候補になったのだから、そこで勝たなくては本物の勝利とは言えない。まさに「死力を尽くす」という言葉はこの選挙のためにあったかと思うほど、あらん限りの力をふりしぼって戦った。度々点滴を受けながら板橋区内を駆けずり回った。

「選挙が終わったら即入院してもいい。終わった瞬間にバタンと倒れてもいい」

そう思ったこともあるぐらい、極限の精神状態と肉体の状態の中で走り抜いた選挙であった。

「鬼のような執念」が勝利を呼び込む

私は今日まで衆院選で六期連続当選を果たしている。国政に転じて以降、一度も落ちていない。すべて小選挙区で勝ち抜いてきた。これがどれほど困難なことであるか、少しでも選挙の内情をご存じの方ならば、きっとお分かりいただけることと思う。初当選した自民党の同期五四人のうち、小選挙区の六期連続はわずかに五、六人を数えるのみだ。

私は政治家の二世でも三世でもない。選挙区は東京で、生まれ故郷の群馬とは違う。何もないところから基盤を築き、徒手空拳《としゅくうけん》の戦いを繰り広げて今の私がある。この間の選挙における苦労は筆舌に尽くしがたいものがあった。

過去六回の国政選挙でもっとも厳しかったのが、新人で挑んだ最初の選挙である。その時のデータを見ると、私が六万八三二一票で、新進党の古山候補が約六万一〇〇〇票、共産党の中島候補（比例区で復活当選）が約五万四〇〇〇票、もう一人、元社会党の代議士で元職の渋谷修《しぶたにおさむ》候補が約三万八〇〇〇票を獲得している。ドングリの背比べと言っていいような接戦の中で、何とか逆転して当選した。今振り返ってみても、薄氷を踏む勝利であったと思う。

勝利の要因は、一言で言うならば、鬼のような執念である。

「絶対に何が何でも当選するぞ、死んでもまさに当選するぞ」という執念。候補者本人にそれがあるかどうか。ポイントはそこである。そしてそれを受けた周りの人たち、すなわち選対幹部、後援会、支援者たちの一致結束と踏ん張りが勝利を呼び込むのである。

都議選でもそうであったように、公示日の一年ほど前から地域を一軒一軒回って、ポスター貼りその他の地道な活動をやっていく。

そしていよいよ公示日が来て、それから後の選挙運動は、朝八時から夜八時までマイクの使い通しであった。その時間帯以外にも、朝は五時から社団法人実践倫理宏正会の「朝起会《あさおきかい》」に出たり、始発の駅頭に立ってマイクを使わずに演説したりした。

選挙の終盤戦になってくると、もうなりふり構っていられない。毎日が死に物狂いである。早朝の会合は言うに及ばず、夜も深夜までぶっ通しで活動した。

夜は小中学校で個人演説会をやることが多い。これがだいたい午後六時か六時半に始まる。三カ所でやったとして、終わるのは午後九時。これで店じまいとはならず、再度エンジンを入れ直して、個人宅などで開いてくれるミニ会合を一つ一つ丁寧に回る。今もその記録が破られていないと思うのは、午後一一時半からの会合で支持を訴えたことである。有権者もよく集まってくれたなと思う。

寝る時間などほとんどない体力勝負の毎日が続き、選挙戦後半は、移動の車の中でくたびれ果てて、ふと気づくと寝込んでしまうこともあった。それでも集会や個人演説会の会場に着けば、死ぬ思いで車から飛び出していった。その度に自分自身にネジを巻いて、聴衆に支持を訴えた。

政治家以上にやりがいのある仕事があるだろうか？

そうやって血の滲《にじ》み出るような選挙戦をやったのである。

初当選して国会に登院したとき、私は一人ひとりの国会議員に心からなる尊敬の念を覚えた。どの国会議員もそれぞれに厳しい選挙戦に勝ち、有権者の負託を受けて議席を得た人たちである。

国会議員としての能力には、基本的な政策力や実行力、人間的な魅力などが欠かせないが、それだけではなく、それにプラスして選挙における鬼のような執念、エネルギーと言ってもパワーと言ってもいいが、そういうものを持たなければ到底当選できない。自分自身、命をかけた、あるいは命を縮めるような選挙を戦ってやっと国会議員になれた。選挙に勝った人しか国会には出てこられないのだから、特に小選挙区の当選者には、党派を超えてそれだけで敬意を払いたい気持ちになるのである。

最初の一年ほどは、そんなふうに他の国会議員を尊敬の眼差しで見つめていた。すごい人たちばかりなんだろうな、と。二回目、三回目と当選してくるごとに、そういう気持ちや初当選の時の感動は薄らいでいった。というのも、二回目、三回目の選挙は、そこまで厳しいことをやらなくても済んだからだ。

しかし最初は、それこそ地獄の底を見るような選挙戦であったから、感動もひとしおだったのである。

「人を幸せにする仕事、それが政治だ」

これが政治家下村博文のキャッチフレーズである。

人を幸せにする。これ以上、やり甲斐のある仕事があるだろうか。だが、その仕事をするには、選挙の洗礼を受けて勝たなくてはならない。どんな職業もそうであるように、二

初登院の日は、支援者とランニングで登院（1996年）

年か三年やってそれで良い仕事をしたと言えることは少ない。一〇年、二〇年と続けて初めていい仕事ができる。したがって政治家は、いい仕事をするために、何度も何度も選挙に出てそのたびに勝たなくてはならないのである。

小一の担任の先生と三六年ぶりに再会

選挙にドラマはつきものである。

私が体験した三回の都議選と六回の国政選挙でも数々のドラマが演じられた。ドラマの主役は、ある時は私であり、ある時は妻であり、またある時は選対幹部、支援者であった。

私が政治家になる前にお世話になった方や関わりを持った方が、ひょんなことで主役を演じてくださることもある。

紙幅の関係でお一人だけ紹介させていただきたい。その方は、倉渕村で私の小学校一年生のときの担任だった松島《まつしま》ヤエ先生である。

先生は、私が衆院選に出ると知り、群馬から上京してわざわざ板橋の選挙事務所を訪ねてくださった。

平成八年一〇月一〇日のことである。

私は外で走り回っていてなかなか事務所に戻れなかった。事務所見学を終えて私を待つ間、誰に言われるともなく手伝いを始め、個人演説会で使う横断幕に「下村博文」と筆で見事な字を書いてくださった。

ちょうどそこへ私が戻り、三六年ぶりの劇的な再会となったのである。お互い感激の余り、抱き合って泣いた。

先生はその日の夜、板橋第五小学校で開いた個人演説会にも来てくださった。来てくださいとお願いしたわけではなく、全く自主的にお見えになられたのだ。私は嬉しさをこらえきれなかった。

「この会場に、私の小学校一年のときの担任の先生が来てくださっています。松島先生！」

突然のことでさぞ面食らったと思うが、演説の途中、壇上に上がってもらい、紹介させていただいた。聴衆は熱い拍手を送ってくれた。

赤とんぼ追ひし教え子代議士に
ポスターの候補と乾杯天高し

私の当選の日、先生が詠まれた句である。

先生のもとには、理科の授業で「ひまわりの一生」を観察したときの資料が残されていた。四月二四日の種播きに始まり、九月一五日の種取りで終わる約五カ月間の長期観察である。発芽は五月三日。それを記録したのが幼き日の私である。

先生は翌年の春、三六年前を再現しようと、お孫さんと一緒にご自宅の庭にヒマワリの種を播いた。それが芽を出し、双葉となり、茎を伸ばし、台風の試練も乗り越えて大輪の花を咲かせた頃、私は先生のご自宅を訪ねた。集まってくれた同級生たち共々ヒマワリを背に写真を撮った日のことが、今もなつかしく思い出される。

ひまわりが咲きて幼日戻り来る　　博文

先生はその後も何くれとなく私を応援してくれた。いつまでもお健やかにと願わずにいられない。

私の初当選は、故郷の群馬の人たちにも伝えられた。上毛新聞がその年一一月五日付で「倉渕出身の下村議員」と見出しをつけて記事にしている。重点政策を「教育改革」だとして、私のコメントも載せてくれた。

「今までの教育は頭を鍛える知育に専念していたが、これからは心を鍛える徳育を重点に置かなければいけない。日本の再生は人づくりから」

「徳育」というあえて古めかしい言葉を使っていることが目を引く。これはその時の思い付きで出た言葉ではない。

私は塾を開き、悪ガキどもと汗にまみれ、泥まみれになって野球や鬼ごっこをやった頃から、知育と徳育、そしてスポーツの三者のバランスこそ教育のめざすところでなければならないと考えてきた。

知育偏重ではまともな人間は育たない。特に徳育は、戦後教育からすっぽりと抜け落ちていたものである。

家庭でも学校でも、心を磨き、人間としての徳性を高める教育にもっと意を用いるべきだと思う。

教育改革を進める絶好の機会を得る

国会議員になってからというもの、私はさまざまな政策や党務に関わってきた。自民党青年局長時代は、党の候補者選定システムの改革試案をまとめた。若くて優秀な人材を発掘し育てるには、地域党員が予備選挙を行って候補者を決める仕組みが必要だと私は考えた。本来なら自民党に来てもいいような人材が、他党に流れている現実があったからだ。

これは今なお考慮に値する案だと私は思っている。

一期目、衆議院の「国会等の移転に関する特別委員会」に所属して都市政策について学んだ。首都機能移転は、バブル時代に進んだ東京一極集中を緩和する狙いがあり、移転を前提とする法律もできて候補地探しに入っていた。

しかし、調べれば調べるほど問題が多いことに気づき、賛成派議員の多い自民党内で私は反対の声を上げ続けた。

この時身に染みたのは、都市部選出議員の声が必ずしも政治に反映されていない現実である。

農村票に頼ることの多かった自民党の弱点かもしれないと思った。中小企業振興策や住宅政策、土地税制対策、道路交通対策など、取り組むべき課題は多いと知った。

選挙権年齢の引き下げ問題に関心を持ったのがきっかけで、平成一四（二〇〇二）年、当選二期目で法務大臣政務官に就任した。

小泉内閣時代は、教育特区の実現と普及、教育基本法改正などに積極的に取り組んだ。教育基本法のことは本書の第一章で触れたので、ここでは教育特区について簡潔に述べておこう。

平成一六（二〇〇四）年九月、私は三期目半ばで文科大臣政務官に就任した。

大臣政務官は、自民党では通常、二期目の議員がなるのが慣習である。私は法務大臣政務官をステップにその上のポストをめざすという道をとらず、文部科学省への横滑りを希望した。教育問題に取り組まなければ、自分が国会議員になった意味がないと思ったのである。

折しも、小泉純一郎という傑出したリーダーが総理の座に就いていた。小泉総理の構造改革路線は、「改革なくして成長なし」という言葉からも分かる通り、規制緩和による経済成長を狙ったものである。だが私は、この小泉改革こそ教育改革を進める絶好のチャンスと受け取った。

画一的な規制を打破する「教育特区」の実現・普及に動く

経済財政諮問会議での議論をもとに、小泉総理が「構造改革特区」の推進を決断したのが二〇〇二年である。同年一二月には構造改革特別区域法が施行されている。

その考え方は次のようなものだ。

全国一律の規制を緩和ないし撤廃するのは、官僚や族議員の抵抗が強く一筋縄ではいかない。時間もかかる。しかし、各種規制の中に地域の実情にそぐわないものがあるのは事実である。そこでまず地方公共団体や民間が地域の特性に応じた企画を立て、良い試みならば特定の地域に限って規制を外し、その企画を実行に移してみてはどうか。成果をあげたものについては、他の地域にも広げればよい。

小泉総理はこの「特区」を梃子《てこ》にあらゆる領域で規制緩和を推し進め、それによって経済活動を活発にしようとした。「あらゆる領域」には当然、教育も入る。それならば「教育特区」もやるべきだ。特定の地域を決めて、そこでは画一的な規制を緩和・撤廃し、より柔軟で多様な教育ができるようにするのである。民間企業の参入を促せば、結果として経済活性化にもつながるだろう。

教育特区はあくまでも既存の制度や法律の例外として設けられるものだ。だが、もし特区の実現を望む声が全国に広がり、次から次へと特区ができるようなことになったら、最初は例外だったものが、いつしか当たり前のこと、自然なことになって、既存の制度や法令を大きく変えていくことにつながるだろう。これが私の考えたことである。

方向性が決まると、私は教育特区の実現と普及に向けて精力的に動いた。自治体も民間も「特区」のことは知っていても、「教育特区」については知識が乏しい。シンポジウムや討論会を開いて教育特区制度の活用を訴える一方、各省庁や自治体、民間団体などにどんどん働きかけていった。

「規制の岩盤」という言葉があるように、まさに岩盤にドリルで穴を空けるような試みであったと思う。

教育特区で何が変わったのか？

では、教育特区によって何が変わったのか。

第一に、学校法人を設立しやすくなった。学校を設置できるのは、原則として学校法人だけである。しかし、学校法人を設立するには「寄附行為」と「校地・校舎の自己所有」

という要件を満たす必要がある。学校法人を作りたい人は、一定のまとまった財産を提供したうえ、なおかつ校地・校舎は自己所有でなければならない。借用では駄目なのである。

そういう厳しい要件があったので、これをクリアすることができず、それまで学校を作りたくても作れないケースが多かった。そこで教育特区では、校地・校舎の借用を認めることにした。

これにより、学校法人の設立に乗り出すＮＰＯ法人が出てきた。ＮＰＯ法人の中には「シュタイナー教育」のような独自の教育理念を掲げて生徒を募集しているところがある。また、不登校児童や、学習障害、ＡＤＨＤ（注意欠陥・多動性障害）などの児童を受け入れて細やかな教育をやっているところも多い。ところが、学校法人ではないため、生徒は修業年限を終えても卒業資格をもらえないという問題があった。資金面や施設面でも、どのＮＰＯ法人も大変な思いをしていた。教育特区が、こうした問題に解決の道を開いたのである。

校地・校舎は借用でもよいという特例措置は、今では特例ではなくなっている。教育特区に限らず、全国どこでも借用が認められるようになった。つまりは、特区が突破口となって全国レベルでの規制緩和が実現したわけだ。

第二に、株式会社が学校を設置できるようになった。一定の要件を満たした株式会社は

「学校設置会社」と認められ、学校法人でなくても学校を設置できる。二〇一三年四月一日現在、学校設置会社による学校は二八校できている。

第三に、教育課程を弾力的に組めるようになった。これで英語の授業時間を増やす学校がたくさん出てきた。株式会社が運営するある小学校では、国語以外のいくつかの教科の授業を英語で行っている。

特区制度を活用して新しい教科を作った自治体も多い。関心を集めた取り組みの一つが東京都世田谷区の日本語特区である。同区は二〇〇四年に「世田谷『日本語』教育特区」の認定を受け、「日本語」という教科を設けて区立小中学校全校で週一時間の授業を行ってきた。その趣旨は、「深く考える・コミュニケーションができる・日本文化を理解、継承する子供を育てる」というものだ。教科書も独自に作り、小学校低学年から漢字制限を取り払って漢詩や論語を音読させるなど意欲的な教育をやっている。

世田谷区もそうだが、これら教育課程を弾力的に編成できる学校は、二〇〇八年度から「教育課程特例校」という位置づけに変わった。教育特区よりも申請手続きが簡素化されている。

二〇一三年四月一日現在、国立九校、公立二六二〇校、私立四〇校が教育課程特例校に指定されている。英語教育に力を入れる学校が多いのはすでに見た通りだ。小学校低・中学年から英語教育を実施しているところは一五九四校に上る。一般の教科の授業を英語でやる学校（私立校）もぽつぽつ出てきた。

また「日本語科」のほか、小中一貫の「立志科」「市民科」「ふるさと科」「礼節・ことば科」や「相手意識に立つものづくり科」「ものづくりデザイン科」「安全科」など、きらりと光る教科が続々と誕生している。

ここで、一つ付け加えておかなければいけないことがある。規制緩和は決して万能薬ではないということだ。そこにはデメリットもある。基準がゆるやかになったことで、経営面や運営面に問題のある学校が出てくることも考えられる。そのような場合に備えたセーフティネット作りも大事な課題である。

大逆風下で行われた二〇〇九年の真夏の選挙

平成二一（二〇〇九）年八月の総選挙で自民党は大敗し、野に下った。代わって民主党が政権の座に就いた。

民主党に対する積極的な期待感、つまり民主党が政権を取れば将来の日本は発展する、ずっと良くなるという期待感を持って投票した方よりも、自民党よりはましだろうと考えて投票した方のほうが多かったと私は思っている。問題は自民党にあったのである。積年の自民党政治に対する厳しい批判を、我々自身が謙虚に受け止め、反省し、それに対する明快な回答を出せなかったことが敗北の原因であった。

「歴史的な政権交代」とマスコミはもてはやした。それはそれでよいとしても、重要なのは、政権に就くことよりも、政権に就いて何を、どのようにやるかである。当時、多くの民主党議員の頭の中には「政権交代」の四文字しかなかったのではないか。政権を取った後のことまで真剣に考えていたとはとても思えない。「二大政党制の幕開け」と喜んでいる人もいたが、準備のできていない政党が政権を取ったところでろくなことにはならないと、その後、国民は思い知ることになった。

その年七月二一日の衆議院解散とともに、五期目に挑戦する選挙戦が事実上スタートした。公示は八月一八日、投開票は八月三〇日。実質四〇日続いた真夏のマラソン選挙である。自民党全体が大逆風下にあり、私にとっても非常に厳しい戦いとなった。初めての国政選挙に次ぐ厳しさ、大変さであったろうと思う。

マスコミの予想や独自調査の結果を見ても、接戦かやや負けている、あるいはやや勝っているという混沌とした状態が、解散の時から投票の前日までずっと続いていた。ただ、負ける気はしなかった。五回目の選挙であり、それまで積み上げてきた実績がある。「絶対に負けるはずがない」と思っていた。

病気の方はもう問題ないところまで回復していた。万全の体調とはいかないまでも、それほど気になるようなこともなかった。そうはいっても、連日の猛暑である。何回も点滴を打ってしのぎ、気がつくと体重がガクンと落ちているような、熾烈《しれつ》で過酷な選挙であった。対抗馬は新人の有田芳生《ありたよしふ》という人だった。新党日本副代表で、民主党の推薦も受けていた。もしこれが推薦ではなく公認であったら、私は負けていたかもしれない。その人は選挙が終わるとすぐ民主党に鞍替えして、一年後の参議院選挙に出て比例区でトップ当選している。テレビのコメンテーターもやっていたということで、知名度は抜群だったようだ。

私は約三四〇〇〇票差で接戦を制し、一一万七四七二票を獲得して当選した。東京都の二五ある小選挙区で当選できた自民党候補は、私を含めて四人である。

学習障害への無知が長男を追い込んだ

この時の選挙は、家族の絆を確認する選挙でもあった。ちょうどイギリスに留学していた長男が夏休みで帰国して、私の選挙を一カ月間、手伝ってくれたのである。

長男には学習障害の一種であるディスレクシア（識字障害）があった。学習障害と聞いても、おそらく何のことか分かる人はあまりいないと思う。ディスレクシアとなれば、なおさらだろう。ディスレクシアとは、知的発達には遅れがないのに、読み書きだけが苦手という障害である。ただ、長男の場合、読みは普通にできるが、書くのが苦手だった。周囲の人は障害のことが分からないから、「成績の悪いできない子」「怠けている子」という受け取り方をしてしまう。

長男が小学生の頃、学習障害もディスレクシアも日本ではほとんど知られておらず、学校現場にも受け入れ態勢はできていなかった。国内で教育するのは難しいと考えた私は、家内とも相談して、児童教育の先進国であるイギリスに留学させた。一一歳のときである。

我々夫婦にとっては苦渋の選択だった。どう説明したところで、「子供を留学させるなんて、金持ちだからできるんだろう。国会議員だからできるんだろう」と人から見られてしまう。支援者から批判も受けた。しかし、そのまま日本で育てても子供の可能性をつぶしてしまうと思い、決断した。

長男がイギリス社会になじんでくれたので、本当に良かったと思っている。高校を卒業した後は、自らの意思でロンドン芸術大学に進学した。

私が〝異変〟に気づいたのは、長男が小学四年生のときである。

ある日、なにげなく長男の机を見ると、くしゃくしゃに丸めた漢字テスト用紙が出てきた。広げてみると、一〇点とか二〇点しか取れていない。どうしたんだと驚いた私は、昔取った杵柄《きねづか》で、自分が家庭教師になって勉強を教え始めたのである。

衆院議員に初当選した頃で忙しかったが、早めに帰宅して付きっきりで漢字の練習をさせた。ところが、いくらやっても上達する気配がない。書き取りの練習を何十回と繰り返しても、いざページを開いて書こうとすると、たった今覚えたばかりの漢字が出てこない。まったく書けないのだ。

「これだけ一生懸命、丁寧に教えているのに、なぜなんだ」と私は悲しくてならず、息子が怠けているものと決めつけた。

いつしかイライラが募り、ある日の晩、とうとう感情を爆発させた。

「お父さんをナメているのか！　反抗してるんだろう！」

生涯ただ一度のことではあったけれど、私はこの時、息子に手を上げた。

長男は黙って下を向き、ぽろぽろ涙をこぼしていた。

私はなんということをしたのか。なんと愚かだったのだろう。長男の出していた無言のSOSに気づかなかったのだ。後に、漢字書き取りの勉強で真っ黒になったノートを見つけたとき、「ああ、一生懸命頑張っていたのだなあ」と長男に対して申し訳なくて、私は一人で泣いた。

そのうちに長男は体調を崩し、神経性大腸炎に罹《かか》ってしまった。そこまでなって、ようやく私は何か別の要因があるのではないかと気づき、専門家に相談して初めて長男がディスレクシアだと知ったのである。

ディスレクシアの長男に教えられたこと

すべては私の勘違いであった。障害なのだから、本人がいくら努力しても、限界があるのは当たり前だったのだ。

留学先のイギリスは、学習障害やディスレクシアの児童に対する教育システムが整っていた。受け入れてくれる学校が見つかり、私と家内は地球の反対側まで長男を送っていった。帰る時とそれからの一カ月、家内は毎日泣いていた。長男は英語が全然しゃべれない。まだ一一歳だから日本語もよくできるとは言えない。そんな状態で海外に出したので、家内とすれば、わが子を捨ててしまったのではないかと、そういう罪意識に苛《さいな》まれたようだ。

その後、一、二年経って子供に会いに行ったとき、お父さん、お母さんと一緒に日本に帰りたいと言うかなと思ったけれど、一言も言わなかった。

息子が成人してから聞いてみた。

「よくあの時、言わなかったなあ。偉いと思ったよ。おまえの前で泣くわけにいかないけど、お母さんはおまえと別れた後、ずっと泣いていた。よく頑張った」

「僕もイギリスではいじめられた。英語もしゃべれないし、白人でもないから。でも、日本に帰っても僕の居場所がない。だとしたら、ここで頑張るしかないと思って頑張ったんだ。でもイギリスに留学してよかった。ここには僕の居場所があった。僕の能力を伸ばしてくれた」

長男の話を聞いて、イギリスというのはすごい国だと思った。ケンブリッジやオックスフォードというトップレベルの大学も学習障害児のための入学試験コースを別に用意している。全部の教科が良くなくても、三教科だけ成績が良ければ入学できるのだという。

長男と私との間に生じた葛藤について書くのは、長い間、ためらいがあった。だが、長男自身が「僕のこと書いてもいいよ」と言ってくれたので、『下村博文の教育立国論』（河出書房新社、二〇一〇年）の中で初めて公表した。

「日本では僕は救われなかった。僕みたいな子はたくさんいる。日本でも僕みたいな子が伸びていく教育を是非やってほしい」

私は自らの使命である教育改革に取り組むにあたり、ディスレクシアの当事者たる長男の言葉を度々噛《か》みしめている。

長男を通して、私は「教育の多様性」という考え方に目を開かされた。わが国の学校教育の画一性を打破しなければならないと痛感したのである。日本では、個性尊重と言いながら一人ひとりの子供の個性に合った教育がなかなかできない。イギリスの場合、子供はディスレクシアの特性に合った教育支援を受けられる。その子の状態に応じた学習方法を見いだすことで、別の才能や能力を伸ばしていく教育が実践されていた。長男の場合、読み書きは苦手でも、計算能力や空間認知能力（三次元空間でモノの位置や大きさ、動きなどを素早く把握する能力）は優れていたから、数学や美術などその方面の能力を伸ばす教育をやってくれた。わが国の学校教育も、そういういい面を取り入れていくべきだろう。

日本も教育の多様性を制度として確立すべきである。この思いが、先に述べた教育特区の普及・促進に取り組むきっかけとなったのだ。

一度は敗北も覚悟した

選挙の話に戻ろう。長男が選挙を手伝ってくれたのは二〇歳の時である。公職選挙法は未成年者の選挙運動を禁じており、たとえ候補者の子供であっても同様であるが、二〇歳になっていれば問題ない。

たとえばこんな活動をやった。私と長男と、秘書三人ぐらいが街宣車に乗って高島平団地に行き、私が一〇分間演説をする。その間、長男や秘書たちが蜘蛛の子を散らすように四方八方に散り、ビラをポスティングして、演説が終わる頃に戻ってくる。これを一日二〇回、三〇回とやるのである。

また、朝は駅頭に立ち、夜も駅頭に立つ。その後は個人演説会。商店街を歩きながら演説するときは、途中、要所要所で長男に司会をさせて私が演説する。長男に「下村博文の息子です」と応援演説をさせることもあった。

イギリスに留学してからは、日本に戻るのは年に一、二回の休みの時ぐらいである。親子で接する時間がほとんど取れなかった。でも、この一カ月間はずっと長男と一緒に過ごすことができた。そのことで、それまでの一〇年間の親子の縁の薄さやわだかまりを一挙に解消できたような気がしている。

「親子の絆を取り戻すチャンスを与えられた」

という思いがあったので、つらく苦しい選挙戦の最中でも、常に喜びがあった。

選挙の幕切れは劇的なものになった。

人事を尽くし切って選挙戦を終えた日の夜、私は勝ったと思った。

「接戦だけど、勝った！」

これが私の偽らざる実感であった。

そうして投票日を迎えたわけだが、夕方、マスコミ各社が出してきた出口調査を見ると、すべての調査において私は負けていた。

開票が始まるのが夜八時。即座に開票速報が出始める。平成二四（二〇一二）年一二月の総選挙では、開票が始まって一五秒ぐらいで当確が出た。ところが、この時は待てど暮らせど一向に速報が出ない。勝ったのか負けたのかまったく分からない。その状態が一時間、二時間と続き、蛇の生殺しのような気分を味わった。

深夜までもつれ込んだ三四〇〇票差の勝利

とうとう午後一〇時ぐらいには敗北を覚悟して、惜敗率の検討を始めた。つまり、比例復活するしかないのかなと考えたのである。二五選挙区の候補者一覧表を持ってきて、落選しそうな人はこの人とこの人とこの人……。こんなにいるのかと愕然《がくぜん》としながら、最も惜敗率の高くなりそうな人を見ていった。結果は、最悪の場合でも四番目か五番目にはなれそうだと出た。比例復活できる枠は、おそらく五人。これなら何とかいけるだろうと思った。この時点で、いったん小選挙区はあきらめたのである。

テレビで速報が出たのは夜中の一二時半頃だったと思う。最終的な票差は約三四〇〇票である。

当選が決まったとき、号泣したのは私ではなく長男だった。長男のそんな姿を見たのは初めてだった。人目もはばからず、堰《せき》を切ったようにわんわん泣いていた。それだけ長男にとって、その時の選挙は特別な体験だったのだろう。支援者にも分からないように、そっと病院に行って点滴を打っている私の姿を見ていた。父親にとって命がけの選挙だということが実感として分かったのだろうし、そういう父親のことを心配していたんだなとも思った。

うがった見方をすれば、選挙に落ちればただの人で、この先家計が厳しくなれば、留学を断念して日本に戻ってこなければいけない。それは困るなと不安であったのが、選挙に勝ったのでこれで留学が続けられると思ってホッとして泣いたのかもしれない。まだ学生であるから、そんな気持ちもひょっとしたら混じっていたのだろうと思う。

選挙の手伝いは、私の方から無理に勧めたわけではない。やってみないかと言ったことはあるが、無理強いする気はさらさらなかった。私としては、いつか親子で選挙ができたらいいなぐらいの気持ちだった。成人した長男が「手伝う」と言ってくれたときは、さすがにうれしかった。

二〇〇九年の夏、次男は大学受験準備中で選挙どころではなかった。それに未成年だから選挙運動はできない。

六期目の総選挙（二〇一二年一二月四日公示、一六日投開票）は、次男も私を手伝ってくれた。この時は家族ぐるみの選挙をやったことになる。長男は長男なりに、次男は次男なりに、思い思いのやり方で私を支えてくれた。

大差で勝てると言われた選挙で、気持ちの上で余裕があった。選挙期間中、一三カ所ほど他の候補の応援に行ったぐらいである。

第六章　人を育てる教育

すでに一定の豊かさを成し遂げた日本において、
これからの時代に求められているのは、
もっと創造的な能力である。

政権を失ってからの三年四カ月

リベンジの時がやってきた。

第二次安倍内閣の誕生である。

自民党が政権を失って三年四カ月。この間、日本の空はどんよりとした雲に覆われていた。民主党政権で果たして日本はよくなったのか？　言うまでもなく答えはノーである。

鳩山由紀夫《はとやまゆきお》内閣は普天間《ふてんま》基地問題で致命的な失策を犯し、子供じみた「友愛」の旗を振るだけで何ら実のある外交ができなかった。

次の菅直人《かんなおと》内閣は、東日本大震災への対応が後手後手に回り、国民の信を失った。元々、政治家としての菅直人氏は、反国家、反体制の活動家であった。極めて残念なことに、日本という国を愛していない人が総理大臣になってしまった。だから「最小不幸社会」などという夢も希望もない言葉が出てくる。菅氏には否定精神しかなく、およそ否定精神から肯定的、生産的なものは生じない。菅内閣のもとでは、東日本の復興など、およそ不可能だったのだ。

三番手の野田佳彦《のだよしひこ》内閣は前二者よりはましだったと思う。

野党時代、衆院予算委員会で野田首相と対峙する筆者

だが、「近いうちに国民に信を問う」と表明しながら約束を守らず、内閣の延命に終始した。

民主党政権にはまともな経済政策もなく、デフレ脱却の糸口すらつかめなかった。

二〇〇九年夏の総選挙で民主党に支持が集まった理由の一つは、同党のマニフェストに掲げられた一人当たり月額二万六〇〇〇円の「子ども手当」創設である。

これが壮大な大風呂敷であったことは明らかだ。財源難から早晩行き詰まることは民主党議員でさえ分かっていたと思う。

「事業仕分け」をやって行政の無駄をなくし、財源を捻出するという触れ込みだったが、「子ども手当」の満額支給には五兆円を超える財源が必要である。ちょっとやそっと無駄を省いたからといって捻出できる額ではない。案の定、事業仕分けはその場限りのパフォーマンスに終わり、子ども手当も半額になった。

できもしないことをさもできるかのように装うのは、ポピュリズム（大衆迎合主義）以外の何物でもない。

一日千秋の思いで待ちわびた政権奪還の日

教育の分野を見ても、第一次安倍内閣がせっかく四三年ぶりに全国学力テスト（全国学力・学習状況調査）を復活させたのに、民主党政権は全員参加方式を約三〇パーセントの抽出方式（希望する学校も参加できる）に変えてしまった。民主党は「教員免許制度を抜本的に見直す」とマニフェストで謳っていたから、もし再度の政権交代がなければ、教員免許更新制も廃止になっていた可能性がある。

また全国の小中学生に無償で配布されていた道徳副教材『心のノート』も、民主党政権は個別配布を打ち切ってしまった（インターネットからの利用は可）。道徳教育に批判的な日教組の意向に従ったのかもしれない。

そもそも民主党は日教組と関係が深い政党である。野田内閣で党幹事長を務めた輿石《こしいし》東《あずま》氏は日教組系議員の筆頭格である。輿石氏の政治団体は、山教組（山梨県教職員組合）

の教員たちから集めた多額の寄付金を政治資金収支報告書に記載せず、関係者は略式起訴されている。

また二〇〇九年の総選挙にからんで、北教組（北海道教職員組合）から民主党議員への違法献金が発覚した。

この時は逮捕者まで出している。

日教組の顔色ばかりうかがっている政党に教育改革ができるわけがない。日教組という団体を否定する気はさらさらないが、教育基本法改正にさんざん反対しておきながら、自虐史観に染まった反日教育や「ゆとり教育」には賛成という日教組は、教育改革を進める上での抵抗勢力なのではないだろうか。

民主党に政権担当能力がないことが明確になり、二〇一二年になって自民党に国民の支持が戻ってきた。

安倍さんが自民党総裁に返り咲き、総選挙に大勝した。「経済と教育の二枚看板で日本を取り戻す」と決意しての再登板であった。

雌伏《しふく》五年余。この時が来るのを待っておられたに違いない。もちろん、待っていたのは安倍総理だけではない。

私もまた、政権奪還の日を一日千秋の思いで待ちわびていた。

当初、打診されたのは「文部科学大臣」ではなかった

平成二四（二〇一二）年一一月一六日。衆議院が解散したその日、文部科学省の幹部が私の板橋の事務所に姿を見せた。

今度の選挙では間違いなく政権交代がある。その時は私が文部科学大臣になるだろうから、事前にレクチャーしたいということだった。

自民党教育再生実行本部本部長。それが当時の私の役職である。彼が私に目をつけたのは、それなりの理由があってのことだ。

だが、組閣の準備に入った安倍総裁から実際に私が打診されたポストは、文部科学大臣ではなかった。話があったのは環境大臣兼原子力防災担当大臣である。

私はかなり悩んだ。反原発ムードが日本社会に広がる中でこれを受けるのは気が重い。おそらく何をやっても批判されるだろう。しかし、それを重々承知の上で、安倍総裁はそれでもやってもらいたいと言う。そこまで信頼されるというのは政治家冥利《みょうり》に尽きる話である。

「やってみようか」

と三日間ぐらい真剣に考えた。

しかし熟慮の末、やはり断ることにした。自分は教育問題をやりたい。自分の最大の持ち味はそこにあるのだから、大臣になるなら文部科学大臣だと考えたのである。

私は国会議員になったとき、これから何をしようとは考えなかった。教育改革をやるんだと思って国会議員になった。

当選してすぐの頃、ある大先輩から、

「教育などの文教政策は、あまり票にはならないぞ」

と言われたことがある。

教育にはいろいろな価値観があり、人によって考え方が違う。日教組、文部省という壁もある。苦労して取り組む割には実になるものは少ない、と。

しかし、私はこの言葉を聞いて「困難だからこそやる」と逆に奮起したものだ。

教育改革を実行することこそ自分の使命だという思いは、当時からずっと変わらないまま持ち続けている。その思いに最後までこだわったのである。

これは思い切った決断であった。なぜならば、入閣要請を断るということは、普通はそこで終わりなのである。大臣ポストを蹴ったということで、候補のリストから外れる可能性もある。次に内閣改造でもない限り、再び声がかかることはないだろう。そうなっても仕方がないと思って断ったのだが、幸い安倍総理との深い信頼関係があって、「このポストはどうか、このポストはどうか」ということで、四番目に打診されたのが文部科学大臣だった。

「わかった。そんなにやりたいのだったら、下村さん、あなたに任せる」

総理から最後にそう言われた。

これが文部科学大臣就任のいきさつである。

「自分はダメな人間だ」と思う日本の若者たち

日本社会はもう長いこと、閉塞感に包まれている。これは何も民主党政権時代に限ったことではない。過去二〇年に及ぶデフレが日本人の自信や意欲を失わせてしまった。特に、経済が停滞した時代に育った若い世代にその傾向が強いのではないだろうか。

ここに気になる調査報告書がある。財団法人日本青少年研究所（現在は財団法人日本児童教育振興財団に移管）が二〇一二年四月に刊行した『高校生の生活意識と留学に関する調査』（調査は二〇一一年に実施）である。日本、アメリカ、中国、韓国の四カ国を対象に高校生の意識調査を行ったもので、同研究所はこれまでにも度々、同じような調査を行ってきた。

　これを見ると、今の日本の若者に自己否定感が強いことが分かる。

　たとえば、報告書のまとめにはこんな記述が出てくる。

「日本の高校生は、全般的に自己認識が否定的である。『勉強がよくできる』『友達を積極的に助ける』『クラスのみんなに好かれる』『正義感の強い』『失敗を恐れず、未知のものに挑戦する』『決まりに従い、ルールをよく守る』『自分の意見をはっきり言う』『自立のできる』の肯定率が、いずれも四カ国中最も低かった」

　これ以上に私がショックだったのは、「自分はダメな人間だと思うか」という問いに、「よくあてはまる」「まああてはまる」と答えた高校生が、アメリカ五三％、中国三九％、韓国三二％に対し、日本は八四％と極めて高い数値を示したことである。二〇〇八年の調査でも六六％とやはり断トツで高い数値になっている。

　しかも、「よくあてはまる」という答えで見ると、一九八〇年の一二・九％から二〇〇二年の三〇・四％、二〇一一年の三六・〇％と三倍に増えている。

　自己否定感が強いのは、自尊感情（自分を価値ある人間だと思う感情）が弱いことの裏返しであろう。この点も調査によって裏付けられている。報告書の数値を見ると、日本の高校生の自尊感情は他の三カ国よりもずっと低い水準にとどまっている。

昨年、母校の早稲田大でベンチャーをめざす大学生・大学院生を集めた講座に招かれて行ったとき、以上のような話には触れないで三〇〇人ほどの学生に質問したところ、約七割の学生が「自分はダメな人間だと思うことがある」と手を挙げた。ベンチャーをめざすような人ですら自己否定感がある。手を挙げる人はほとんどいないだろうと思って聞いたので、これには非常に驚いた。

歪んだ歴史教育が日本人としての誇りと自信を奪う

なぜこんなことになったのか。いろいろな要因があるだろう。

一つには日本経済の停滞である。バブル崩壊以降、デフレが長引いてなかなかそこから抜けられない。先が見えない、将来に希望が持てないという沈鬱《ちんうつ》な空気が日本社会全体に広がったことがある。

歴史教育における自虐史観の影響もあるだろう。これは本当に根が深い問題で、ここ二、三〇年、日本人としての誇りや自信を奪うような教育が行われてきた。

たとえば、私の名前の「博文」は、父親が伊藤博文にちなんで命名してくれたと母親から聞いたことがある。初代総理大臣であり、近代立憲国家の礎を築いた伊藤博文を教科書はどう描いているか。つい最近まで、「韓国の安重根は伊藤博文を射殺した」と書いて、「射殺」という言葉を使っている中高歴史教科書が複数あった。日本近代化の立役者が殺害されたのに、なぜ射殺なのか。わが国要人を狙った非合法的な殺害なのだから、「暗殺」と書くのが普通の日本人の感覚だろう。日本の子供たちのための教科書なのに、視点は日本にはなく、韓国に置かれているのである。

平成一六（二〇〇四）年秋、平沼赳夫《ひらぬまたけお》・元経産大臣の発案になる超党派の「英国教育調査団」に加わり、約二週間イギリスを視察したことがある。イギリスも一時期、自虐的な偏向教育と基礎学力軽視の教育により学力低下や教育荒廃が深刻になっていたが、サッチャー首相（在任一九七九～一九九〇）が大胆な改革をやって教育を立て直していた。その改革の内容と成果を調べに行ったのである。

サッチャー教育改革から学ぶところは多かった。

印象的だったのは「バランスのとれた教育」という考え方である。歴史には光と影の部分があるわけで、影の部分を過度に強調するのはアンバランスで不自然である。わが国の歴史教科書は影の部分ばかりが大きく強調され、光の部分が少ない。学校の授業で日本人は悪いことばかりしてきたと教えれば、素直な子供たちは当然それを信じて、自信や誇りを持てなくなるだろう。

本来、教育というのは子供たちに自信や誇りを持たせるものだと思う。教育によって子供たちの自信を引き出し、社会に出たときに頑張っていけるだけの意欲と能力を備えた人材に育てていく。これが教育の役割であろう。こうした視点からの教科書改革が急務である。

もう一つ、教育の仕組みが依然として画一的であること、この点も指摘しておかなくてはならない。「教育の多様性」がまだ十分に確保されていない。教育特区は既存の制度や法令に風穴を空けたけれども、まだまだ部分的なレベルにとどまっていて、改革は道半ばである。

国民の幸福感や価値観が多様化する時代状況の中で、一人ひとりの子供が持つさまざまな能力や才能を引き出し、生かしていく教育が求められている。

たとえば、エジソンのような子供が今の日本にいたとして、果たして才能を開花させることができるだろうか。エジソンは好奇心旺盛な少年だったので、小学校の先生を質問攻めにして困らせ、わずか三カ月で退学させられた。幸いにも、お母さんが彼の好奇心を正面から受け止めて、家庭で好きなように実験をやらせながら愛情と思いやりをもって育てたのでエジソンの才能が開花したのである。今、日本で不登校の子にも、もしかしたらエジソン少年のようなケースがあるかもしれない。そういう子にも居場所があり、また単に居場所があるだけでなく、その子の才能を伸ばせるような環境を用意するのが公教育の役目である。

グローバル化が進行し、海外に出ていく日本人も増え、また海外の人たちがどんどん日本に入ってくる時代である。異なる文化的背景を持った人たちと一緒に仕事や活動をする機会は増える一方だ。そういう中で、これからの日本は、ますます多様な生き方や個性が認められていかなければならない。にもかかわらず、教育は、相変わらずペーパーテストによる学力という一つの価値観だけで子供たちを評価している。それ以外の能力が子供にあったとしても、正当な評価を受けられないのである。これでは自信をなくす子が出てくるのも当然だろう。

教育改革の実行には文科省職員の意識改革が必要

私は内閣発足時に文科大臣と教育再生担当大臣を拝命した。文科大臣が教育再生担当大臣を兼任するのは、森有礼《もりありのり》に始まる歴代文科大臣・文部大臣一四〇人の中で初めてのことである。

そこで私は、平成二五（二〇一三）年を「教育再生元年」と位置づけ、教育を根源的な部分から見直して改革に着手することにした。表面的な改革ではなく、根源的な改革である。改革にかける意気込みは、先に述べた就任のいきさつからも感じ取っていただけると思う。私には「大臣ポストをつつがなく全うできればそれでいい」というような気持ちは爪の垢《あか》ほどもない。

第二次安倍内閣が発足してすぐ「教育再生実行会議」（座長＝鎌田《かまた》薫《かおる》早稲田大学総長）が設置された。これは第一次安倍内閣のときの「教育再生会議」を引き継ぐものである。調べてみると、教育再生会議が提言した改革プランは一割ぐらいしか達成できていなかった。いろいろな事情があってそうなったのだが、これでは最終報告が出てから約五年、文科省は何をやっていたのだと言いたくなる。

今度の会議は「実行」に主眼を置いている。根源的、抜本的な教育改革にまで踏み込んで議論し、それを具体化して着実に実行していくための「教育再生実行会議」である。また、教育再生会議で結論が出ているものについては、文科省でスピード感をもって進めていかなければならない。

教育改革の実働部隊を担うのは文科省である。私は今回、文科大臣になってみて、率直に言って文科省の職員には意識改革が必要だと感じた。

大臣就任から九カ月が過ぎた頃、職員を集めて話をする機会があった。その時のことを

2013年１月15日「教育再生実行会議担当室」が発足

思い出しながら書いてみよう。

これまで文科省の役人には二流意識があったと思う。役人の中でも一流意識、トップレベルの意識を持っているのは財務省や経産省などに行く。文科省はその次くらいのランクだと本人たちが思いながら入ってくる、それが文科省の役人である。彼らはその気持ちを引きずったまま仕事をしているのだ。

「それでいいのか」というのが私の思いである。

今は教育を大改革する時だ。自分たちが日本の教育を変えていくんだという気概や誇り、生きがいを持ってやらなかったら、何のために役人になり、何のために文科省に入ったのか分からないではないか。

二流から一流へ、生まれ変わる文部科学省

二二〇〇人ほどいる文科省の職員は、財務省や経産省の役人と比べ総じておとなしい。よく言えば遠慮がち、悪く言えば覇気がない。たとえば、説明のため大臣室に入ってくるときも、「おはようございます」と挨拶して入ってくるのは三割ぐらい。最初は一割だった。世の中の常識では、上司のところに来るのに挨拶もしないで入ってくるのは考えられ

ない。そんな企業は早晩つぶれるだろう。それだけ彼らは社会常識とかけ離れたところで生きている。

驚いたのは、廊下を歩いていても、省内だから私が大臣だとみんな知っているはずなのに、挨拶をするのは幹部ぐらいで、それ以外の職員はしない。ある時など、廊下の向こうから来た職員が、私の姿を見て途中で身を翻して戻ってしまった。急に用事を思い出したのか、それとも私が怖かったのだろうか。

職員の名誉のために言い添えておくと、経済界などから「最近、文科省は仕事が速くなった」とお褒めの言葉が入ってくる。これは素直に喜んでいい話である。

「大臣が代わると随分変わるのですね」とも言われたが、これは大臣が代わったということではないと思う。近藤誠一《こんどうせいいち》前文化庁長官が言っておられた。長官の任期の三年間に大臣が六人も代わり、特に民主党政権のときは、すべて政務三役で決めるのだ、役人は余計なことに口を出すなという雰囲気だった、と。その前の自公政権の時代も、文科省はあまり日の目を見るような業績があったわけでもなく、心の中にバリアを作っているようなところが、無意識のうちに、ないしは慣習としてあったのではないかと思う。

私には、彼らは安倍内閣になって九カ月経ってもまだ目に見えない心のバリアを張っていて、これだけ重大な時にもかかわらず、目覚めていない、能力を発揮していないと思えてならなかった。

この時の苦言が効いたのか、その後の職員たちの仕事ぶり、立ち居振る舞いはずっと良くなってきた。ぜひ生まれ変わった文科省の職員として、私と共に一人ひとりが改革の先頭に立ってもらいたい。

改革実行のため、私は重点課題のリストを作成した。合計四六項目の改革工程表である（二〇一四年五月一五日現在。当初は三七項目）。以下に項目だけ掲げておこう。

この四六項目をそれぞれの局や部や課に全部割り振り、誰も遊んでいる人がいないようにして、それだけでなく、各自が明確な目標を持ち、半年後、一年後、二年後などと期限を決めて、それまでに必ず達成するという工程表にして全力で取り組んでもらっている。現時点で、だいたい三分の一はめどがついた。

なぜ東大医学部はノーベル賞受賞者「ゼロ」なのか？

ここからは、四六項目の中からいくつか選んで解説を試みよう。最初に「大学入学者選抜の改革」を取り上げる。

昨年、ノーベル生理学・医学賞受賞者の利《と》根《ね》川《がわ》進《すすむ》さんが文科省を訪ねてこられ、お話を

主な文部科学行政施策（46項目）

（平成26年５月15日時点）

【教育再生関係】

1　教育財源確保策（教育目的税含む）の検討
2　次期学習指導要領の検討
3　教職員の定数改善・資質能力の向上等
4　幼児教育無償化
5　土曜日の教育活動の推進
6　道徳の教科化
7　ICT 活用
8　特別支援教育の充実
9　大学ガバナンス改革
10　国立大学の機能強化
11　大学入学者選抜の改革
12　学生への経済的支援
13　法科大学院制度の改善
14　学制改革
15　社会人の学び直し

【グローバル人材育成関係】

16　日本人留学生の海外留学支援
17　外国人留学生の受入れ
18　初等中等教育におけるグローバル人材育成
19　高等教育におけるグローバル人材育成
20　科学技術イノベーションを担う人材養成
21　国際バカロレア
22　ESD（持続可能な開発のための教育）

【スポーツ・文化関係】

23　2020年東京オリンピック・パラリンピック競技大会に向けたスポーツ施策等
24　スポーツ庁の創設
25　文化芸術立国中期プラン

【科学技術関係】

26　科学技術イノベーションの司令塔機能の強化
27　科学技術イノベーション政策の新展開
28　研究開発力の強化に向けた取組の推進
29　研究における不正行為・研究費の不正使用防止に向けた取組
30　大型研究開発プロジェクト
31　原子力に関する取組
32　原子力損害賠償
33　国際リニアコライダー計画

【その他】

34　公立学校運営の民間への開放の検討
35　東北地方における医学部新設の特例
36　戦略的な外交対応

【フォローアップ段階へ移行したもの】

（教育再生関係）

37　教育委員会制度改革
38　高校無償化の見直し
39　教科書改革
40　学校法人制度の充実
41　学校耐震化
42　国立大学施設整備

（文化関係）

43　電子書籍に対応した出版権等の法整備

（科学技術関係）

44　日本版NIHの創設（医療分野の支援機関の創設）
45　革新的イノベーション創出プログラム（COI STREAM）の推進

（行政改革関係）

46　独立行政法人改革

うかがう機会があった。その中に大変示唆に富む話があった。

利根川さんが関わっている大学の一つ、アメリカのシカゴ大学は、入るのはさほど難しくないという。もちろん、名門大学だから難関校であるには違いないが、たとえば日本で一番難しいとされる東大理科三類（医学部）に比べたらそれほどでもないそうだ。

ところが、シカゴ大学は学部の卒業生だけでノーベル賞受賞者が六九人もいる。一方の東大医学部は一〇〇年経ってもゼロ。この違いはどこから来るのか。

「アドミッションポリシー、入学選抜の仕方が違う」

と、利根川さんは言われた。

日本の大学は一八歳時点の能力を見る。シカゴ大学はそうではなくて、その学生が四年間でどの程度伸びるのか、潜在能力はどのくらいあるのか、大学でどんなことをやりたいのか、将来どのくらい社会で貢献できる人材になるか、といった点を見て選抜するという。だから大学独自の学力試験というものはない。

大学側は、高校の成績やＳＡＴ（アメリカの全国統一試験）などの点数で学力は学力としてきちんと見る。しかし、それだけで選抜するわけではなく、大切なのは受験生の意欲や志である。その部分は小論文や推薦状、面接などで評価するそうだ。絶対伸びるだろうという生徒をとり、しかも出口を厳しくして簡単には卒業させない。それが結果的にノーベル賞受賞者の数の違いになっているという。

私はその後、東大医学部に国がどれだけの税金を投入しているのか調べてみた。すると学生一人当たり年間四五〇万円という数字が出てきた。医学部は六年間なので合計三〇〇〇万円弱が一人の学生に投じられている。先日、東大の濱田《はまだ》純一《じゅんいち》総長とお会いした折、このことについてお話しした。国民の血税を約三〇〇〇万円投入して、それに資するような人材を送り出している自信がありますか、と。そう考えたら入学試験の仕方から変える必要があるのではないかということを濱田総長には申し上げた。これからはそういう発想も必要ではないだろうか。象牙の塔にとどまることなく、社会に貢献する高等教育でなければならないと思う。

現在の大学入試では日本の子供たちに未来はない

では、これからのわが国の大学入試はどうあるべきなのか。この際、思い切った改革が必要である。抜本的な改革、すなわち一〇〇年に一度の大改革にしたいと私は考えている。ただし、まだ検討の段階であり、高校生に不安を与えるのは好ましくないので、具体化させるのは五年ほど先になる。

なぜ変えるのか？　現在の大学入試では日本の子供たちの未来はないと思うからだ。暗記、記憶を中心とした学力一辺倒の入試は、高度成長期の画一的な教育の仕組みと表裏一体であり、これはもはや前時代の遺物と言っていい。

かつての日本は、近代工業化社会という一つの社会的枠組みに適応できる子供を育ててきた。そこに求められる人材は、官僚にしろ会社員にしろ、オールラウンドに一通りのことがこなせ、一定の学力水準を備えた人間である。工場ならば、勤務時間をきちんと守って勤勉に、より効率的に仕事のできる者が必要とされた。そうした人材の供給源となったのが学校である。

それはそれで間違っていたわけではない。貧しい国が豊かな国に発展していく過程では、そういう教育が必要である。しかし、今は時代が変わっている。安くて品質のいいものを大量生産する仕事は、後発の国々がはるかに安価な労働コストでやれるようになった。すでに一定の豊かさを成し遂げた日本において、これからの時代に求められるのは、もっと創造的な能力である。

加えて、わが国は今、少子高齢化という未曾有《みぞう》の大問題に直面している。政府はこれまでも少子化対策に力を入れ、合計特殊出生率（一人の女性が一生の間に産む子供の数）は二〇〇六年以降、ゆるやかな上昇に転じたけれども、まだまだ低水準である。国立社会保障・人口問題研究所の推計（「日本の将来推計人口（平成二四年一月推計）」）によると、生産年齢人口（一五歳以上～六五歳未満）は二〇一〇年の約八二〇〇万人から二〇六〇年には約四四〇〇万人へ、四六％も減少するという。高齢者の割合が相対的に高まり、現在は二・八人で高齢者一人を支えているのが、五〇年後には一・三人で一人を支えることになる。

少子高齢化が避けられないとしたら、これからの日本が安定的な経済成長を続け、豊かさを維持していくためには、一人ひとりの付加価値を高めるしか方法はない。「イノベーションの創出を活性化させるとともに、人材の質を飛躍的に高めていく」（教育再生実行会議第四次提言）ということである。

一日八時間の労働を倍にして一六時間にするわけにはいかないから、量ではなくて質を高めなければならない。つまり、他の国々には真似のできないようなクリエイティブな能力、あるいは個性的な能力を発揮して、より付加価値の高い仕事ができるかどうかが問われることになる。

そのためには、それぞれの個人の付加価値を高め、持っている潜在能力を引き出し、それを発揮するチャンスや可能性を提供する必要がある。それは教育によってしかできないだろう。すなわち、教育立国以外に未来の日本を活力ある国にしていくことはできないのである。

学力以外の能力もトータルで見極める入試が必要

こういう観点から見るとき、今日、わが国の若者には、学力が必要なのは当然であるし、その学力も「知識・技能を活用し、自ら考え、判断し、表現する力」を含んだ幅広い学力でなければならない。

それにプラスして、大きく三つの能力が必要だと私は思っている。

一つはリーダーシップ能力である。特に国際社会では、多様な価値観の中で人々を一つにまとめ上げて方向性を示していく能力が求められる。これはしかし、国内の一般企業でも必要とされる能力だ。民主主義社会ではみんながいろいろな意見を主張する。そのままでは考え方が対立し、バラバラになって収拾不能に陥るだろう。そのときに、異なる意見を一つにまとめ上げ、「これで行こう」という方向性を決めて、その方向に向けてみんなを引っ張っていくだけのリーダーシップ能力がなければ、企業や組織の中で有用な人材とはなり得ない。

二つ目がクリエイティブな能力、創造力や企画力。

三つ目が人に対する優しさ、思いやり、いたわりといった人間的な感性、感覚。

いずれもコンピューターやロボットには絶対に真似できない能力である。これらの多様な能力を高めることが、これからの時代、人生におけるチャンスや可能性を広げていくことにつながると思う。

したがって大学入試も、現在の知識偏重、ペーパーテスト重視の一発勝負型の試験はやめて、学力は学力としてきちんと評価しながらも、それ以外の能力もトータルで評価し、見極めていくような入試に変えるべきなのである。

当然、それに応じて大学教育や高校以下の教育の在り方も、大きく方向転換を図っていく必要がある。

あしなが育英会とともに貧困問題に着手

「大学全入時代」と言われるのに、わが国の大学進学率は五一％と決して高くない。ＯＥＣＤ諸国の平均は六二％であり、国際的に見ればむしろ低いのである。

低い理由の一つとして、家庭の経済格差の問題がある。家庭が貧しければ大学進学を望んでもかなわないことがあるだろうし、最初からあきらめてしまう高校生もいるだろう。

第二章で述べたように、私は交通遺児育英会の貸与奨学金と日本育英会の給付型奨学金の二つのおかげで高校、大学へ進学することができた。しかし、当時よりも今の方が格差は広がっている。

子供の貧困率は一九八五年の一〇・九％から二〇〇九年の一五・七％へと少しずつ上昇してきた。

一五・七％というのは大変な数字だ。分かりやすい言い方をすれば、

「六人に一人の子供が貧困に陥っている」

ということである。

その中でも一人親家庭における子供の貧困率は五割を超えている現実があり、非常に胸が痛む。ほとんどが母子家庭であり、お母さんが一人で子供を育てている。

貧困家庭、たとえば年収が二〇〇万円以下という家庭では、子供は塾や予備校にも行けないだろう。そういう子はなかなか成績を伸ばすことができず、県立高校に入りたくても私学に行くしかなくなる。地方ではそういうパターンも多い。しかし、私学は授業料が高い。何とか高校は卒業できたとしても、その先、大学まで行くお金は準備できないというケースが出てくる。

もう一つ、貧困家庭の場合、貧困が貧困を生み、親から子へと世代を超えて負の連鎖が続くという問題もある。

私は自分自身の体験から、こういう状況を何とかしなければと思って政治家になった。二〇〇三年にはあしなが育英会の副会長に就任し（政府の役職にある間は休職）、同会と手を携えてねばり強く貧困問題に取り組んできた。

二〇一三年六月、議員立法での実現をめざした「子どもの貧困対策法」がようやく衆参両院を通過した。これで子供の貧困対策を進めるため、政府が「大綱」を作って取り組むことが決まった。

「高校無償化」見直しで返済不要の奨学金を導入

この問題と関連して、私が文科大臣に就任後、直ちに取り組んだのが「高校無償化の見直し」である。

民主党政権が創設した高校無償化制度は、国公立高校の授業料を無料とし、私立高校については、国公立高校の授業料相当分（年約一二万円）を「就学支援金」として支給するというものである。低所得層には加算支給があり、支給額は一・五〜二倍になる。

私立の場合、授業料は年間五〇万円を超えるところがざらにある（都内私立高校の平均が約四三万円）。年一二万円の支援では無償化と言うには程遠いのだが、それでも公私間

新しい高校無償化制度の概念図

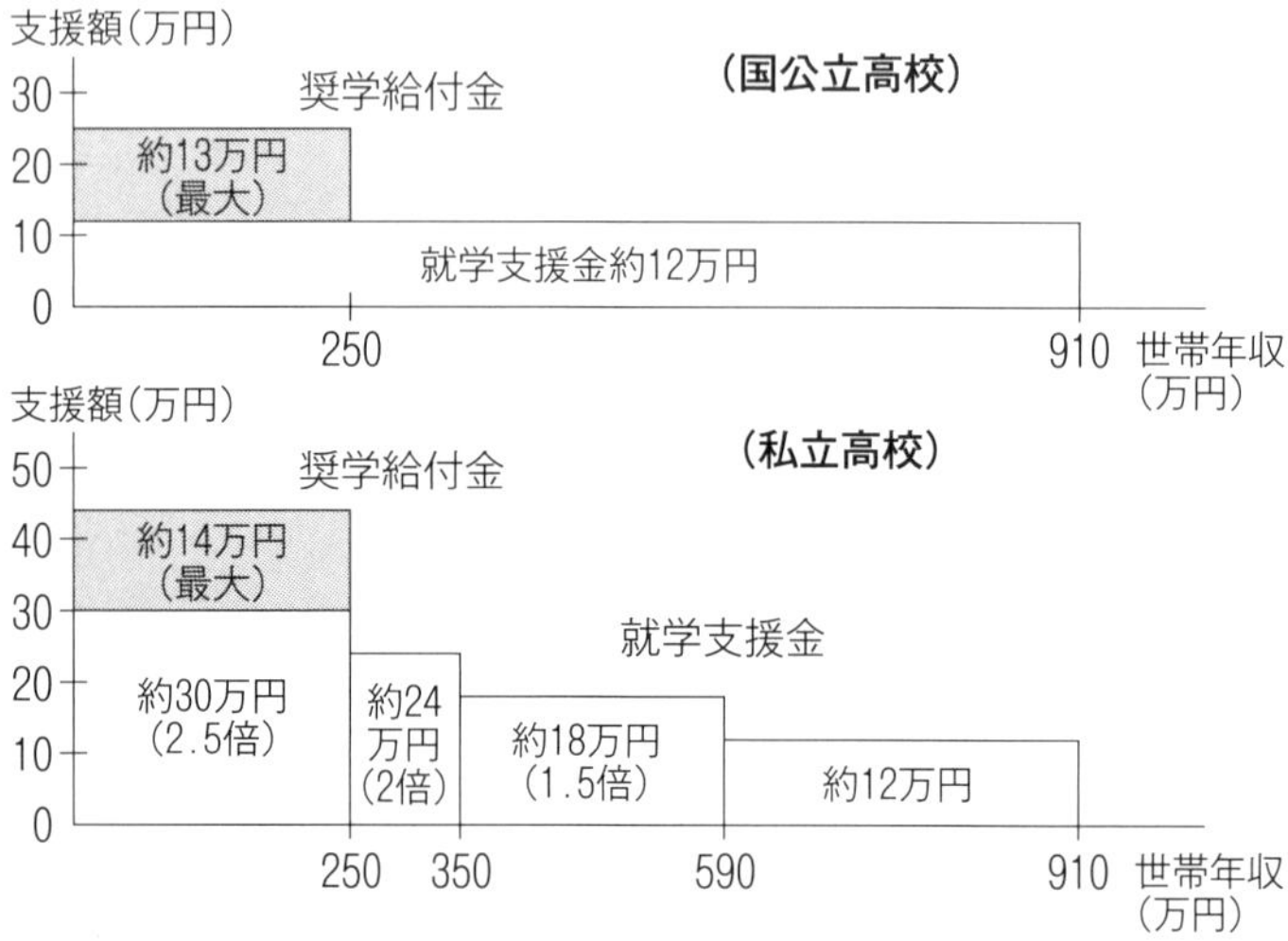

格差を少しでも埋めようという趣旨で作られた制度である。それはよかったと思う。ただし、この制度には大きな問題があった。それは所得制限がないことである。

自民党はかねてより、一定の所得制限を設けて、富裕層には自己負担していただき、浮いたお金を低所得層に回すべきだと主張してきた。家庭が貧しいからといって、子供が高校や大学に進学できないということであってはいけない。真に手厚い支援を必要とするのは低所得層なのである。

「貧困の世代間連鎖を何としても断ち切りたい」

これは交通遺児やあしなが奨学生、生

活保護世帯の親や子供たちの切なる願いであろう。

自公両党で調整を行った結果、最終的に、無償化の対象を世帯年収約九一〇万円未満とすることで決着した。それに伴い、加算率をアップして（一・五〜二・五倍）、加算支給の対象世帯を中所得層の一部にまで広げた。さらに、貧しい家庭向けに新たに返済不要の「奨学給付金」を創設した。

平成二六（二〇一四）年度から、世帯年収約二五〇万円未満の家庭は、就学支援金のほかに、最大で国公立が年約一三万円、私立が年約一四万円の給付を受けられる。

返済しなくてもいい奨学金制度を国が創設したのである。これは画期的なことではないだろうか。

第一次提言を受けて、いじめ防止対策推進法を作る

二〇一三年二月に教育再生実行会議が公表した第一次提言は、いじめ問題に関するものだった。きっかけは、大津市の市立中学二年生の男子が自殺した事件である。いじめとの関連が疑われたのに市教委や学校の対応が不適切であったため、大きな問題になった。

この事件では、「自殺の練習」のような陰湿ないじめもさることながら、市教委がいじ

めた生徒側の人権に配慮すると称して、きちんと調査しなかったことにも驚かされた。大津市長が設置した第三者調査委員会は、自殺の直接的要因は二人の同級生によるいじめにあったとしている。

文科省が二〇一二年に行った調査によると、同年四月から約半年間のいじめの認知件数は一四・四万件に上り、そのうち生命や身体の安全が脅かされる恐れのある重大事案は二七八件あった（小中高と特別支援学校）。

小中高校生で一七万人が不登校というデータもある。そういった子らはいじめが原因で学校に来られなくなった子も多いと思われる。死にたいと考える子をいかに救うのか。これは深刻な問題である。

第一次提言を受けて、昨年六月、超党派の議員立法で「いじめ防止対策推進法」を作ってもらった。

これにより、今後は各学校がいじめ防止の基本方針を作成し、いじめを防ぐための対策組織を学内に設置することが決まった。

学校を挙げてこの問題に取り組み、「いじめはよくない。やめよう」という雰囲気を作り出していくことが大事だろう。それがいじめの防止、予防につながる。また、生徒がいじめを受けていると思われるときに、それを見逃さない、見て見ぬふりをしないことも大事なポイントである。

提言には「道徳の教科化」も出てくる。

道徳の教科化は、戦後教育の欠陥を是正する試みである。戦後教育は戦前の教育の否定から始まった。当然、否定すべきものもあったと思うが、良いものまで否定してしまった。数学や英語のような知的アプローチだけで、人が人としてどう生きるか、人が幸せに生きるとはどういうことかという教育、知徳体の徳の部分、徳育がなされてこなかった。

いじめの根本にはそれがあると思う。

道徳の教科化は、前回の教育再生会議でも提言されたものである。もはや待ったなしで進めていかなければならない。

道徳を教科化し、偉人伝で子供の感受性を育む

現在、小中学校に道徳の授業時間はあるが、教科ではないため授業で何を使うかは学校や先生の判断に委ねられている。小泉内閣時代に配布を始めた『心のノート』を使ってもいいし、教育委員会や民間の教科書会社が刊行した読み物・資料を使ってもいい。先生が自分で用意したプリントを使うこともある。いろいろなやり方が認められている。

しかし、授業時間はあっても定まった教科書がないため、先生としてはやりにくいのが実情であろう。学校行事などでつぶされているケースもある。現場の先生方からは「適切な教材の入手が難しい」「効果的な指導方法が分からない」「指導の効果を把握することが困難」といった声が多く出ていた。

そこで安倍内閣になってから、民主党政権が個別配布を打ち切っていた『心のノート』を復活させ、昨年九月には全国の小中学生に配布した。

それでも十分ではないということで、内容を全面改訂し、名前も『私たちの道徳』に変えて、この三月、新年度（二〇一四年度）から使えるように改めて全国の小中学生約一〇〇〇万人に無償で配布した。

基本的な編集方針としては、偉人伝をたくさん入れてある。かつての『心のノート』に偉人伝の類はほとんど入っていない。今回は中学校だけで二、三〇人、上杉鷹山《うえすぎようざん》、ガンディー、渋沢栄一《しぶさわえいいち》、新島八重《にいじまやえ》、濱口梧陵《はまぐちごりょう》といった歴史的な偉人の伝記を「人物探訪」というコラムで入れた。また同時代の著名人は「メッセージ」という形で載せている。地震学者の大木聖子《おおきさとこ》さん、元国連難民高等弁務官の緒方貞子《おがたさだこ》さん、元プロ野球選手の松井秀喜《まついひでき》さん、iPS細胞研究の山中伸弥《やまなかしんや》さん……どのコラムにもその人の生き様が凝縮されており、読み手の胸を打つ。文部科学省のサイトに公開してあるので、是非ともご覧になっていただ

全面改訂した『私たちの道徳』の表紙

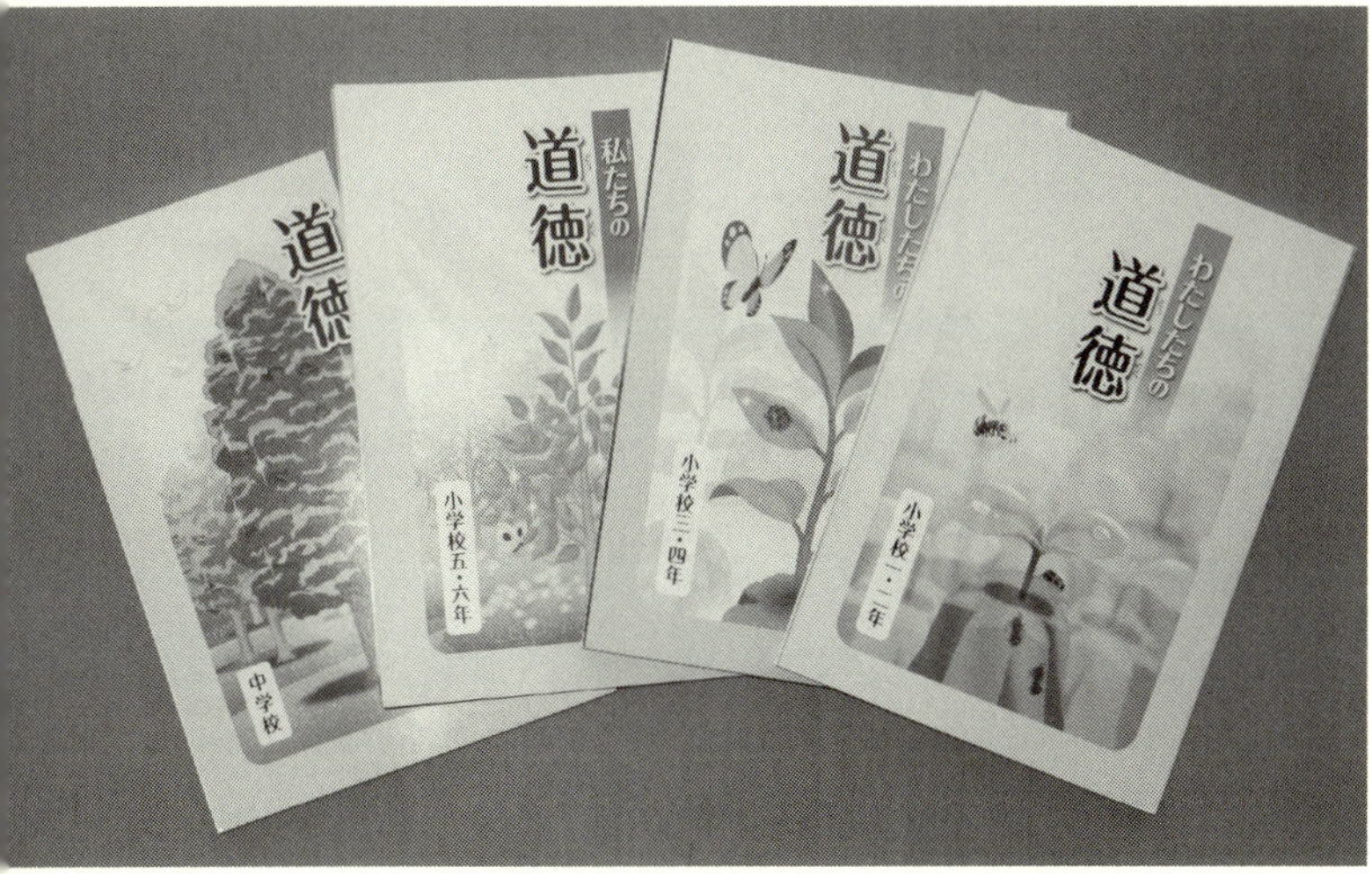

きたい。

　偉人伝を入れたのは、私たちの人生の先輩であり、素晴らしい生き方をしてきた偉人の足跡を子供たちに提供すること、それ自体が徳育となると考えたからである。

　もう一つは第二章でも強調した「志」。教育は人づくりであり、その核となるのは志だ。若い人たちの志をどう作るかが今、問われていると思う。

「志立たざれば、天下成るべきの事なし。百《ひゃっ》工《こう》の技芸《ぎげい》といえども、いまだ志に本《もと》づかざるものあらず」

　王陽明《おうようめい》の言葉である。「まず志を立てなかったら、世の中のどんなことだって成功できるわけはない。さまざまな技術や芸能にしても、まず志を立てることが基になっている」

（守屋洋『完本 中国古典の人間学』プレジデント社）という。

志を持って人生を歩むか歩まないかによって人生の価値は大きく違ってくるのではないだろうか。

たとえばスポーツなら、オリンピックに出場するような選手は、小学生の頃から夢を持ち、「将来、メダルを取りたい」という志を立てて練習に励んできた人が多い。いくら志があってもすぐに実現できることではない。途中で挫折することもあるだろう。

スポーツの世界では最低一〇年はかかると言われている。だからこそ、子供の頃から明確な目標、志を持って努力することが大事なのである。

スキージャンプの葛西紀明《かさいのりあき》選手のようにオリンピックに七回も出て、それだけでもすごいのに、七回目でついに銀メダルを取った人もいる。あきらめないで頑張ることによって自分の限界や壁を突破する。その姿が、多くの人たちに感動と勇気と、そして自分も頑張ってみようという思いを与えてくれるのだと思う。

スポーツはそういう世界を非常に分かりやすい形で教えてくれるが、基本的にどの分野、どの領域であっても同じことが言えるはずだ。

我々は、人生の先輩の足跡をいろいろな形で示しながら、子供たちに志の大切さを教え、志を立てる機会を提供していく必要があるのである。

「道徳教育＝国家の価値観の押し付け」という批判は不当

ところが、ここに厄介な問題がある。道徳教育を進めようとすると、一部のマスコミが判で押したように「国家の価値を押し付けるのか」「国家主義的教育の復活だ」などと非難してくることである。

私に言わせれば、十年一日のステレオタイプな批判であり、反対のための反対にすぎない。人がどう生きるかという問題は、人間を人間たらしめる本質的な部分である。夫婦仲良く、親に孝行、人の悪口を言わない、ならぬものはならぬ、困っている人を助ける、思いやりの心、克己心、責任感等々、すべて人の道である。

私は国境を超えて、民族を超えて、歴史を超えて、人が人として生きる規範や徳目、社会におけるルールやマナー、そういうものはあると思う。それをきちんと学ばないために、いじめも含めて多くの問題行動、人間関係のトラブル、モラルの低下、ひいては反社会的行動や犯罪なども起きてくる。

人が社会の中で生きている以上、その社会の中で大半の人が承認し、受け入れているさまざまな価値観を、これから社会に出る子供たちが発達段階に応じて学んでいくというのはごく当たり前のことである。それは国家の価値観の押し付けとはまったく別次元の話であろう。そもそもそういうことをしないで子供たちを社会に送り出す方がよほど無責任である。

私自身の経験でも、中には偉人伝というだけで拒否反応を示す人がいた。これには正直、驚いたことがある。

何かがおかしいと思わざるを得ないが、そういうとき、私はタレントの北野武《きたのたけし》さんの話をすることにしている。大抵の人は「なるほど」と言って納得してくれる。

『13歳からの道徳教科書』（道徳教育をすすめる有識者の会編、育鵬社）という本に出ていたもので、「オフクロへの小遣い」という話である。北野さんが芸能界に入って売れるようになった頃、お母さんから「小遣いくれ」と言われた。それからも何かにつけて法外なお金を要求されたそうだ。そのたびに、なんて強欲なんだろう、カネのことしか頭にないのかと思ったけれども、親に育ててもらった恩があるから、言われるままにあげていたという。

そのお母さんが入院した。お姉さんから電話がかかってきて、もう時間の問題だ、武に会いたがっているから来てほしい、と。売れっ子になって忙しい中、軽井沢の病院に会いに行った。お母さんは精一杯の元気を振りまいていたが、実際はかなり弱っていた。北野さんは、「お母さんから預かった」と言ってお姉さんから封筒を渡される。帰りの新幹線の中で何だろうと思いながら封筒を開けてみると、一冊の貯金通帳が出てきた。それを見た北野さんは驚きの余り声も出なかった。そこには今まで渡していたお金が全額入金されていたのだ。

芸能界は浮き沈みの激しい世界だから、お母さんとしては息子が売れなくなった時のことを考えて、そうしたのだろう。

道徳の授業でこういう話が出てくれば、みんな素直に受け取るのではないだろうか。誰が読んでも感動できる話である。

子供は親孝行したいと思っているけれども、親が子を思う気持ちはもっと深い。そのことに気づけば、授業がきっかけとなって普段の親子関係を考え直してみようという気になるかもしれない。もしかしたら親に対する感謝の心が芽生えるかもしれない。しかしそれは国が「親孝行しろ」と強制したり命令したりするのとはまったく違う話であろう。授業の目的は、子供の感受性を育んで、大事な価値に気づかせるところにあるのであって、それを押し付けと呼んで批判するのは相当にひねくれた見方だと思う。

実際の授業では、一つの偉人伝、物語、メッセージなどを読んで、みんなで議論したり、感想を述べ合ったりして、理解を深めていくことになる。その時に、先生の方から「この話はこう読み取るんだよ」と指導することはしない。いろいろな意見や感想が出てくることを前提に、生徒に主体的に考えさせる授業であるべきだ。大事なのは、ほかの生徒の意見・感想を尊重しつつ、「自分はこう思う」と自分の考えを持てるようにすることである。

数年後には「道徳」の検定教科書を

道徳の教科化については、文科省の中央教育審議会（中教審）に諮問して、現在、審議が行われている最中である。今年の秋までには答申をいただくことになっている。

私としては、数年後には教材ではなく、教科書を作りたいと思っている。ほかの教科の教科書と同じように、民間の教科書会社から「これこそ子供たちにとっての理想的な道徳教科書だ」というものをいくつも出してもらい、教育委員会がその中で一番良いと思う教科書を採択すればいい。

ただ、そうすると、極端な教科書が出てくることも考えられる。極端とは、たとえばマルクス・レーニン思想であったり、独裁国家の指導者や価値観を称賛したりするようなものを指す。それでは困るので、一定のストライクゾーンを決めておかなければいけない。それが「教科書改革」である。

文科省は既に「教科書検定改革プラン」を作成して、この問題に明確な基準を設けた。一言で言うならば、新しい教育基本法に則った教科書でなければならないということだ。新教育基本法の範囲内という枠を決めて、その中で教科書を作ってもらうことを考えている。教科化にあたって、教える先生をどうするかという問題がある。現状では、大学で専門の道徳の先生を養成する体制が不十分なので、当面は担任の先生が道徳の教師を兼ねることになる。研修の場は大学側で用意し、教員免許更新制の中で教員研修をしっかりやることになるだろう。

また、道徳は点数評価になじまないという指摘がある。確かにそれはその通りであろう。他の教科のように五段階評価を行うのはなかなか難しい。これは記述式にするか、通知表の「行動の記録」のような形で、いくつかの項目をピックアップして「この生徒はこの項目についてはよくできました」という評価の仕方をするなど、やり方を工夫する必要がある。

土曜授業で学力アップに成功した豊後高田市

本章の最後に「土曜日の教育活動の推進」を取り上げよう。

第二章の冒頭でも触れたように、文科省は今、土曜授業に力を入れている。ゆくゆくは法律を改正して週五日制を週六日制にするのも一つの方法だと思っているが、これはすぐにできることではない。先生方が大反対している。人件費だけでも優に一兆円以上の増額となり、財源の面でもそう簡単にはいかない。

しかし、週五日制の下でも工夫すればいろいろなことができる。現に私学では、土曜日も授業をやっている学校がたくさんある。要はやる気次第なのである。

土曜授業をやる理由はいくつかある。第一に、「ゆとり教育」からの方向転換で授業時間を増やしたのはいいが、平日だけでは時間が足りなくなったことである。今後さらに授業時間を増やそうとしても、限界に達している。第二は、公私間格差である。土曜も授業をやっている私学の方が学力その他の能力を伸ばすのに有利という現実がある。これを何とかしたいということだ。

全国を見渡してみると、土曜授業をやっている公立校はまだ少ない。そういう中で比較的熱心に取り組んでいるのが東京都である。都教委のデータによると、二〇一二年度に月一回以上実施した学校は小学校で五六五校（四三・三％）、中学校で二九二校（四七％）ある。二〇一〇年度と比べて四倍に増えており、成果が楽しみなところだ。

土曜授業が一躍脚光を浴びたのは、何と言っても豊後高田市の成功によるところが大きいだろう。同市は、大分県内の自治体でそれまで学力テストでワースト二位だったのが、土曜授業を始めて以来、八年連続で一位になった。効果てきめんだったのである。

始めた理由は、「ゆとり教育」で週五日制を完全実施するとき、学力低下を心配する保護者の声が強かったことである。この声を受け止めた行政側が強い危機意識を持ち、平成一四（二〇〇二）年度から市長が塾頭になって「学びの21世紀塾」を始めた。

学校教育法施行規則は「特別の必要」があれば、土曜日に授業をやってもよいとしている。そこで「特別の必要」を自分たちで見つけてきて、地域で自分は英語を教えられる、数学を教えられるという人、たとえば塾の先生、教員OB、退職校長、社会人で教員免許を持っている人などを募って土曜授業をスタートさせた。

豊後高田市ではどのような土曜授業を行っているのか？

始めてみると評判が良く、年々事業を拡大して、今では土曜授業のほかに夏休みや冬休みの特別講座、さらにはケーブルテレビを使った授業までやっている。具体的には、表の通りである。

参加は自由で、小中学生の参加率は九割と聞いている。

面白いと思ったのは、夏休みなどに大手予備校の講師を招いて、高校生向けの大学受験

豊後高田市の「学びの21世紀塾事業」

寺子屋講座（第一・三・五土曜日）	幼・小・中の英会話、国語、算数、数学、英語、そろばん、合唱など
パソコン講座（第一・三・五土曜日）	小学生向けにパソコン実習
水曜日講座（毎週水曜の放課後）	中学一、二年生に数学、英語
特別講座（夏季・冬季の一週間）	中学三年生に英語、数学、国語
幼稚園講座（週二日）	幼稚園への文字指導と英会話の出前授業
寺子屋昭和館・プラチナ館（平日の放課後）	小四～六年生に補充学習
テレビ寺子屋講座（ケーブルテレビ）	中学三年生に高校受験対策講座、小五、六年生と中学生向けの英会話ほか

対策をやったりしていることだ。土曜授業がきっかけとなって、公立校と学習塾・予備校との連携が始まっているのである。

豊後高田市の取り組みで注目すべきは、ほかにもある。学力面にとどまらず、徳育や体育の面でも土曜日を活用していることである。前者では「週末子ども育成活動」でものづくり教室、料理教室、太鼓教室、農業体験などをやったり、地域の伝統文化に親しむ場を設けたりしている。後者では、スポーツ活動の支援に力を入れている。その成果が出て、昨年は中学校のチームが全日本少年軟式野球大会で全国優勝を果たした。小学校の女子バレーボールチーム、中学校の柔道部、空手部も全国大会出場を成し遂げ、レベルアップが目覚ましいのである。地域ぐるみで教育に取り組むことが、いかに子供たちのやる気、意欲を引き出すかということの見本と言えるだろう。

私は豊後高田市の取り組みを全国に広げたいと思っている。やるかやらないかは教育委員会なり自治体なりの判断であり、地域ごとの事情もあるから、これは決して義務的なものではない。

文科省では、まず学校教育法施行規則を一部改正して、土曜授業をバックアップする規定に改めた。

また、公立小中高でとりあえず五〇〇〇校が手を挙げても対応できるよう予算措置を取った（平成二六年度一四億円）。教える人、講師には、時給二、三〇〇〇円程度の講師代が出せるよう、国として援助していく仕組みを考えている。

企業や民間団体も土曜授業で社会貢献を

土曜授業にはいくつかのタイプがある。これを説明するとややこしくなるのだが、大きく分けて三タイプと考えればいいだろう。

第一は、その学校が土曜日にも授業をやるケースだ。生徒は代休日を設けない。文科省の正式な用語では、これが「土曜授業」に当たる。この場合、その学校の教員が出勤して子供たちを教えることになる。教員については休日を別の日に振り替える必要がある。

第二は、教育委員会が主体となり、特定の学校を決めて、さまざまな講座を開いて子供たちに教えるもの。正式な用語は「土曜学習」。生徒の参加は自由である。教えるのは、教育委員会が募った地域の人たちで、運営や会場の管理は自治体職員や教職員がボランティアで行う。豊後高田市の「学びの21世紀塾」はこれに当たる。

第三は、NPO法人などが主体となってやるもの。これも「土曜学習」と言う。第二のタイプに準ずる。

私としてはこの三つのタイプをそれぞれ振興して、全体として土曜日の教育活動を活発にしていきたい。そういう思いを持って昨年一二月、板橋区の成増小で公開授業に臨んだのである。

実は、あの時の公開授業にはもう一つの狙いがあった。

私は二二〇〇人いる文科省の職員にも、率先して学校現場に出向いて子供たちに教えてもらいたいと考えたのだ。

自分の母校、あるいは自分の子供が通う学校でもいい。月に一度でもいいから、自分の得意とする分野で小中学生に教える。教育委員会や学校の許可を得て、やってみたらどうだというのが私の提案である。土曜授業の推進にもなるし、職員自身にとってもいい経験になると思うのである。

同時に、企業や民間団体にも参画してほしいと思っている。

三菱商事の小島順彦《こじまよりひこ》会長は、前々から土曜授業をやった方がいいとおっしゃっていた。子供たちの学力が落ちているのが心配だ、と。

先だって私は小島さんのもとを訪ね、「やることにしました」と申し上げた。

「ついてはご協力をお願いしたい。三菱商事の社員全員に同じことをさせてください。優秀な社員がたくさんいるでしょう。英語でも英会話でも、社会貢献の一環で是非とも人を出してほしい」

日本青年会議所（ＪＣ）にも協力をお願いしている。ＪＣは前から領土教育や道徳について自ら教材を作り、学校での充実を求めていた。公教育でしっかりやらなければならないのはもちろんだが、ＪＣの皆さんにも先頭を切ってやってもらいたい。土曜授業の枠組みを活用して全国各地でＪＣが動けば、相当大きなムーブメントになるのではないか。それが国民の意識を変えていくことにもつながると思う。

ただ、生徒が来るかどうか、それは分からない。魅力ある授業なら来るだろうし、そうでなければ来ない。それでもやってみる価値はあるのではないか。教育委員会や学校に依頼して講座を設けてもらう。そういう形で領土教育や道徳教育を全国に広げていくというのは、非常に面白い挑戦になると思う。

土曜日にいい授業をする講師がたくさん出てくれれば、平日の学校の先生も比較されるから、うかうかしていられなくなる。

先生方にとってもいい刺激になるだろう。

第七章

日本再生の起爆剤・東京オリンピック

私は二〇二〇年の東京オリンピック・パラリンピックを、日本人の意識の向上が人類に貢献できるような、五輪史上かつてない大会にしたいと思っている。

東日本大震災で野党の悔しさ、もどかしさを痛感

3・11の大地震は私の人生にとっての大きな節目になった。

既に述べた第一、第二の転換点（父の死と胃がん入院）に続く第三の転換点、それが東日本大震災の体験である。

私は入院して以来、ずっと私的な日記を書いてきた。最初は病院のベッドの上で、手元にあったメモ帳を日記代わりに使って殴り書きしていた。いつしかそれが大学ノートに変わり、毎日一ページずつ書くようになった。

3・11では心境の変化があり、それまでの自分一人の日記を卒業して、これからはブログで書こうと思うようになった。政治家下村博文として、自分の率直な思いを公開の場で披瀝《ひれき》しようと思ったのである。

病気をしたことでとかく内面へと向かっていた気持ちが、この時から再び外の世界へと大きく旋回を始めたのかもしれなかった。

地震後、最初のブログで私はこう書いた。

「M9・0という未曾有《みぞう》の大地震が突然日本を襲った。被害は、日々刻々増大しつつある

中で、災害の恐ろしさをこれほど実感したことはない。（中略）政治休戦し、まず与野党協力して一日でも早く被害に遭っている方々に救援支援を国をあげてする事に全力を尽くすべきだ」

とにかく東日本で発生している事態に早急に手を打つ必要があった。政治にできることは何でもやらなくてはと思った。事は急を要する。ところが、野党の立場でできることには限界があるのだ。この時ほど自民党が野党でいることを悔しく、もどかしく思ったことはない。

四月二六日のブログにはこうある。

「東日本大震災が起きて一ヵ月半が経つ。阪神・淡路大震災の時は、災害一ヶ月後には一六本の法律が成立しているが、今回ほとんどの法律が成立していない。いったい民主党政府はどうしてしまったのか」

日本は法治国家であるから法を無視して事を進めるわけにはいかない。復旧・復興のためには速やかに法律、それも適切な法律を作って対処する必要がある。

しかし、阪神・淡路大震災のときと比べ、この時は震災後の四〇日間に一本の法案も通らなかった。

がれき処理や仮設住宅建設など緊急の案件を含む第一次補正予算が成立したのは、ようやく五月に入ってからである。あまりにも動きが遅い。

自民党は政府・与党に全面協力する方針を取ったのに、肝心の菅内閣が機能しなかったのだ。

「天災が人災になっている！」

これがまぎれもない当時の実感である。

時の政権の対応は混乱を極めていた。ただ、混乱は何もその時に始まったことではなかった。

混乱はその何年も前から続いていたのである。政界には党利党略とポピュリズムが横行していた。「政治があまりにもだらしない。こんなことでは日本はつぶれる」と何度思ったかしれない。

そうした危機的状況の中で起きたのが東日本大震災だった。

政治の乱れ、政治の不作為が、復旧・復興を遅らせている。私にはそうとしか思えなかった。

「しっかりしろ、下村博文。しっかりしろ、国会議員。一体何をやっているんだ！」

ある日、どこからともなくそんな声が聞こえてきた。

粛然として、身の引き締まる思いがした。

震災直後に「東京は五輪招致に名乗りを上げよ」と提案

震災の年の五月二六日、私は「二〇二〇年日本復興東京オリンピックの開催を！」と題してブログに次のように書いた。少し長くなるが、一部転載する。

「二〇二〇年に日本復興東京オリンピックを開催したらどうかと文科委員会で提案した。オリンピックは一都市の開催ということになっているが、二〇二〇年は国をあげて世界に対する感謝と決意の表明としてオリンピック候補地に手を挙げることが今回は大切だと思う。

北京オリンピックでも、実際のところ上海や天津でも競技が行われたのだから、東京を中心に大震災被災地である岩手・宮城・福島県でも行い、世界に東日本大震災の復興を見てもらうことにしたらどうだろう。

ＪＯＣが検討することになっているが、国内では広島市が招致断念を四月にしたので、東京都は是非手を挙げるべきだ。石原知事は一六年招致に失敗したことで躊躇《ちゅうちょ》があるようだが、ＪＯＣの市原専務理事は、『東京は一六年五輪招致であれだけの計画を残した。復興のシンボルとしての五輪という世論をつくり、世論に訴えてほしい』と四月一一日に語っている。

確かに、一六年東京招致は他の開催候補地に比べ世論が当時は盛り上がっていなかった。しかし今回はかつての東京オリンピックのように、あと九年後の二〇二〇年にオリンピックを開催し、世界中からトップアスリート達が集まってきて、世界の注目を浴びる大イベントとなればより復興の目標も立てやすく、東京だけでなく国民の世論も盛り上がるだろう」

私がこれを書いたとき、自分が将来、オリンピック・パラリンピック担当大臣になるとは夢にも思わなかった。何しろ東京都はまだ手も挙げていなかったのだ。しかし私は絶対に挑戦すべきだと思っていた。

なぜか？

前回の招致に失敗した最大の理由は、国民が招致に消極的だったことにある。招致機運が盛り上がりに欠け、オールジャパンの体制を取れなかったのである。「なぜ今、東京なのか？」という問いに、当の日本人自身が明確な答えを持ち合わせていなかった。

しかし今回は違う。

「東日本大震災からの完全復興」という大きな目標を掲げられる。実現すれば、国民は一丸となって取り組むだろう。我々は震災から完全復興した姿を世界に見せたい。世界の人々もそれを見たいはずだ。日本の意気込みは必ず伝わるだろう。ゆえに勝機はある。私はそう考えたのだ。

東京都が夏季五輪招致に正式に名乗りを上げたのは、その年の七月一六日である。

オールジャパンで取り組んだ五輪招致活動

平成二五（二〇一三）年九月七日。ブエノスアイレスで開かれたＩＯＣ（国際オリンピック委員会）総会で二〇二〇年オリンピック・パラリンピックの東京開催が決まった。

これから六年後を目標に、この国を立て直す絶好のチャンス――もしかするとラストチャンスかもしれない――を与えられたこと、また多くの国民が夢や希望を共有して二〇二〇年に向けて頑張ろうという気持ちを持てたことは、日本にとって本当に素晴らしいことだと思う。私自身にとっても、招致の成功は、自分の人生の中で第四の転換点とも言える大事件であった。

五輪招致活動の正式スタートは二〇一三年一月八日。第二次安倍内閣の発足直後である。一次選考をクリアした東京、イスタンブール、マドリードの三都市が、この日から八カ月にわたって国際プロモーション活動を展開し、ＩＯＣのルールに則って招致合戦を繰り広げた。

いま述べたように、東京五輪には「東日本大震災からの復興五輪」としての意義がある。しかし、意義はほかにもある。来るべき東京五輪は、日本社会を覆っている閉塞感を吹き飛ばし、日本再生のターニングポイントになるだろう。私は文科大臣兼教育再生担当大臣として、これからの日本を、国民一人ひとり、特に若い世代が自信と誇りを持って生きていける国にしていきたい。「自分はダメな人間だ」などということを考えなくて済む、パワフルで潑剌《はつらつ》とした、「やればできる」「為《な》せばなる」という志と夢にあふれた国にしていきたい。二〇二〇年東京五輪という大目標ができれば、日本は間違いなくそういう方向に進んでいくだろう。

そうした思いがあったので、私は何が何でも招致を成功させたかった。安倍総理も「政府をあげて全力で支援する」と表明しておられたから、私もその一翼を担って微力を尽くした。

もちろんレースに勝ち負けは付きものである。勝つかもしれないし、負けるかもしれない。いくら人事を尽くしても、これほどのビッグイベントは、最後は天の助けがなければどうにもならないものである。手応えはあったけれども、客観的に判断して絶対に勝てるとまでは言い切れなかった。その状態のまま九月のＩＯＣ総会を迎えることになる。

投票前日の六日、現地のブエノスアイレスで安倍総理、森元総理、JOC（日本オリンピック委員会）の竹田恆和《たけだつねかず》会長ほか何人かで票読みをしたときに、

「IOC委員九六人での投票になる。そのうち一五票が浮動票だ。その一五票がそのまま東京に上乗せされたら東京が勝つ。それがマドリードに行ったら負ける」

という結論になった。

直前の票読みでも、まだ東京が勝つと思っていたわけではないのである。

しかし我々は必勝を期して招致レースに臨み、関係者が総力を挙げて、まさにオールジャパンでここまで取り組んできた。矛盾した言い方になるかもしれないが、負ける気はしなかった。目に見えない部分で、いろいろな人がいろいろな形で努力してきたのだ。

ここでは私自身が関わったことについて振り返っておきたい。

ご皇室ご出席のためにぎりぎりの折衝

最も気を使い苦労したのは、いかにご皇室に出ていただくかということである。

私は是非とも出ていただきたいと思った。なぜなら、IOCには約一〇〇人の委員がいるが、そのうちの十数人がヨーロッパや中東の王族である。たとえばアン王女という方は

イギリスの王室で、王朝はウィンザー朝である。さかのぼればハノーヴァー朝につながり、合わせて三〇〇年の伝統がある。元はドイツから来ている。これに対して日本のご皇室は少なくとも一三〇〇年以上続いている。しかも万世一系、男系男子でつながってきた。ヨーロッパの王室と比べて圧倒的な古さ、歴史、伝統があり、彼らにとっては憧れの的なのだ。日本人が考えている以上に、彼らは日本のご皇室に深い尊敬の念を抱いている。

私はそのことを、三月にＩＯＣメンバー一四名から成る評価委員会が来日したときに実感した。来日の目的は東京を視察して詳細な評価報告書を作ることであるが、彼らが来日にあたって一番強く要望したのは、ご皇室にお会いしたいということだった。

ところが、宮内庁のガードは固く、理解を得るのは容易ではなかった。一つは、皇室の政治利用に当たる恐れがあること。二つ目は、勝ち負けが絡むようなことに皇室は関わらないという、この二点で認められないというのが最初の返事だった。

宮内庁が慎重になるのは職務上、当然のことだろう。我々には無理を承知でごり押しするような気持ちはまったくなかった。しかし、だからといって諦めるわけにもいかない。

それならばということで知恵を絞り、別の名目でお出ましを願うことにした。

東日本大震災では「ＴＳＵＢＡＳＡプロジェクト」と言って、ＩＯＣが被災地の若い選手たちを国際競技大会に招待して観戦の機会を与えたり、世界のトップアスリートが被災地を訪問して子供たちを励ましたり、あるいは義援金その他の提供という形でさまざまなサポートをしてくれた。そのことへの謝意の表明ということでなら問題ないだろうと考え、その線で宮内庁と交渉してＩＯＣ評価委員会の皇太子殿下への表敬訪問が実現したのである。

次なる難問は、迎賓館で開かれる安倍総理主催の歓迎晩餐会であった。これにご皇室からどなたかお出ましを願う必要があったが、宮内庁は先に挙げたのとまったく同じ理由で断ってきた。

我々はまたも知恵を絞った。安倍総理と相談のうえ、東京オリンピック開催五〇年記念夕食会を兼ねて歓迎晩餐会を行うことにしたのである。宮内庁には、その名目で皇族の方にご出席いただきたいとお願いした。東京オリンピックでは、昭和天皇が大会名誉総裁をお務めになられ、開会宣言もされている。皇族のご出席を賜るのは少しもおかしなことではないと我々は考えた。

「それだったらいいでしょう」

宮内庁からＯＫが出て、このときご出席いただいたのが高円宮《たかまどのみや》妃久子殿下である。晩餐会における久子さまのスピーチは、英語とフランス語を流暢に操った実に見事なもので、ＩＯＣ評価委員会メンバーの心をつかんだ。晩餐会は大成功であった。

風岡宮内庁長官のもとを訪ね、直談判に及ぶ

そこで私が思ったのは、是非ともこれを九月七日にブエノスアイレスでやりたい、ということだった。

「今度は約一〇〇名のＩＯＣ委員全員を前に、またテレビ中継を見るであろう全世界の人に向かってスピーチしていただけたら……。これは大きなサプライズになる。インパクトは絶大だ」

もっとも、宮内庁はけんもほろろの反応だった。

しかし我々はあきらめなかった。何か方法はないかと模索する中で、隣国チリへのご訪問が浮上した。その年五月、チリのイースター島から宮城県南三陸町に鎮魂のモアイ像が贈られていたのである。そこで九月にチリを公式訪問し、その途中、ブエノスアイレスに立ち寄ってＩＯＣ委員とご懇談いただくというプランが検討された。

宮内庁の人選により、ご訪問されるのは三笠宮《みかさのみや》家の彬子《あきこ》女王殿下と決まった。ヒゲの殿下で親しまれた故寛仁《ともひと》親王のご長女である。

ここでまた宮内庁と交渉した。

「ご皇室にブエノスアイレスにお立ち寄りいただけるのは、大変ありがたいことである。彬子さまはIOCメンバーとの面識がほとんどない。まだ三一歳（当時）とお若く、これからの方である。是非、もうお一方《ひとかた》お願いしたい」

私は風岡典之《かざおかのりゆき》長官のもとを訪ね、直談判に及んだ。「是非久子さまに出ていただきたい」と、あえてお名前を挙げてお願いしたのだ。五輪は平和の祭典であり、その招致には、オールジャパンの体制で官民挙げて取り組んでいる。ご皇室に政治利用に当たらない範囲で一定のご協力をいただくのはごく自然なことであり、何の問題もないと私は確信していた。風岡長官には、一度は断られたけれども、最後には納得してもらった。

彬子さまはブエノスアイレスのホテルでIOC委員とご懇談され、東日本大震災の被災地支援に対しお礼を述べるなどされた後、IOC総会を待たずに公式訪問国のチリに向かわれた。なお、彬子さまはその年一一月に宮城県南三陸町を訪れ、イースター島から寄贈されたモアイ像を視察されている。

高円宮妃久子さまは、亡くなられた高円宮殿下が特にスポーツの分野で熱心な活動をされていた関係で、九つの団体の名誉総裁や名誉会長に就任されている。今回は日本サッカー協会名誉総裁としてアルゼンチンをご訪問され、日本サッカー協会と南米サッカー協会の友好記念行事にご出席されるため、九月四日にブエノスアイレス入りされた。

三日間でほぼ全員のＩＯＣ委員とご懇談された高円宮妃久子殿下

現地に到着すると、ＩＯＣのメンバーを中心に泊まるホテルは決まっていた。ヒルトンホテルである。同ホテルの各階を三フロア別々に東京、イスタンブール、マドリードのそれぞれの関係者に割り振って、部屋もいくつも用意してくれていた。

そこで久子さまには三日間で二九人のＩＯＣメンバーに個別具体的に会っていただいた。まさにロビー活動である。警備は非常に厳しく、宮内庁職員も中に入れない。文科省の職員も入れない。私の警護官も入れないという中で、事実上、私が三日間、総会当日の七日も入れれば全部で四日間、ほとんど久子さまのお付きのような形でずっとご一緒させていただいた。

二九人というのは、ＩＯＣメンバーの中で明確にイスタンブールやマドリードではない人、あるいは浮動票の人である。直接会って話すことで気持ちが東京に動くかもしれない。そういう人をピックアップして一人二〇分前後、これは個別にアポイントを取り、来ていただく。それを朝の九時から夜の一二時くらいまで、それこそ食事もサンドイッチをつまむ程度にして、寸暇を惜しんでこなしていったのである。

空き時間ができると一階のロビーに降りていった。そこではＩＯＣの委員たちが三々五々、懇談している。そこに久子さまが自らお出かけになって、ご自分からお声をかけていかれた。

何しろ九つのスポーツ団体に関わっていらっしゃるから、その関係で旧知の人がたくさんいる。またヨーロッパの王族が結婚するときは、必ず結婚式に日本の皇族が招待される。久子さまも何度も招かれている。そこでお知り合いになった人もいるわけだ。そうした委員たちにも、イスタンブール寄り、マドリード寄りにかかわりなくお声をかけておられたので、おそらくほぼ全員のＩＯＣ委員とご懇談されたと思う。

ブエノスアイレスのIOC会場前で筆者(2013年)

宮内庁は、ロビー活動については認めてくれていた。空いた時間に個々の委員に会うのは非公式のことであり、それは結構です、と。しかし、プレゼンは不可、つまり久子さまの九月七日のＩＯＣ総会へのご出席は認められない、というのが宮内庁の立場だった。

そこで私は出発の日が近づいた頃、確か八月二六日だったと思うが、もう一度、風岡長官のもとを訪ねた。その場で、

「プレゼンではないスピーチをさせてほしい」

と懇切にお願いした。

「総会の場でスピーチをしても、それはあくまでも被災地支援に対するお礼である。招致のことには一切触れないようにして、『TSUBASAプロジェクト』などへの感謝の言葉をIOC委員に向けて、また世界の人たちに向けて、わが国のご皇室が表明するということなら問題ないのではないか。むしろ直前の三日間ロビー活動をして、それで総会に顔も出さずに帰るのはかえって失礼にあたるのではないか」

こう私の考えを述べたのである。

ここで風岡長官からOKの返事をもらった。

「ただし、一つ条件があります」

と長官が言う。

「何でしょう?」

「スピーチが終わり次第、久子さまにはご退席いただき、招致委員会の人だけでプレゼンをしてほしい。スピーチとプレゼンは明確に区別して、『招致活動と一線を画する』とい

う原則を守っていただきたい」

「わかりました」

と応じ、私は宮内庁を後にした。

この日、久子さまのＩＯＣ総会ご出席が決まった。

大臣辞任も覚悟で臨んだ九月七日のＩＯＣ総会

ところが、これは実際に総会の会場へ行ってみて分かったのだが、途中で退席するというのはどうも無理ではないかという気がした。メインのＩＯＣ会長の隣を通って退席することになる。もしそんなことをしたら「抗議の退場」と受け取られるだろう。失礼にあたるどころか、せっかくのお礼と感謝の言葉が台無しになる恐れもあった。

久子さまも同じお考えであった。

ＩＯＣ総会が始まる一時間ほど前、日本時間では深夜一時頃になると思う。最後まで悩んだ末に、私は意を決して風岡長官に電話を入れた。

「途中退席したらかえって問題になるので、それは避けたい。

久子さまは久子さま独自のファッションであり、招致委のメンバーは、安倍総理をはじめみんなユニフォームのブレザーである。したがって誰も一体化したメンバーだとは思わないだろう。スピーチの中では、事前の取り決め通り、プレゼンは一切しない。だから久子さまが最後までおられても、プレゼンとは別だということは、話の流れでＩＯＣメンバーには必ず伝わる。

最後までちゃんといていただかないと、かえって東京招致にマイナスになる。現場判断ということでどうか了解してほしい」

だいたいこういう話をした。

風岡長官は、「では、任せます」と私に一任してくれた。

これでもし招致に失敗したら、大臣辞任は避けられなかっただろう。しかし腹はくくっていた。

ここまで、その都度、宮内庁を説得してきたのは私である。結果が出なかった時は責任を取るつもりだった。

一時間後、いよいよ総会が始まった。

久子さまは白のジャケットをお召しになられ、日本列島をかたどったブローチを付けてスピーチに臨まれた。にこやかな微笑みに落ち着いた所作。自然でよどみのないフランス語と英語。一点の非の打ち所もない完璧なスピーチであった。

原稿は朝の五時までかけてご自分で全部練り直し、パソコンに入力して作られたそうだ。内容も表現も隅々まで配慮が行き届き、そのまま教科書に載せてもおかしくないようなご挨拶であったと思う。

プレゼンテーションに移り、トップバッターはパラリンピアンの佐藤真海《さとうまみ》さん。これは意図してやったことではないのだが、彼女は被災地の出身であったから、久子さまのお話とちょうど合って、聴く側にとって違和感がなかった。久子さまがどんなスピーチをされるのか、佐藤さんは知らなかったはずだ。でも、彼女は病気と手術の話から始めて、スポーツが希望を与えてくれたこと、そして家族が津波に襲われた体験を語り、被災者支援の活動、スポーツの持つ力と話を展開して、自然な流れで東京のアピールにつなげていった。これは非常によかったと思う。

「汚染水問題の説明」が最大の難関だった

プレゼンは全体として素晴らしいものだった。勝利をもたらした要因はいくつもあり、それについては既に多くの分析がなされている。ここで指摘しておきたいのは、安倍総理の「状況はコントロールされている」という発言のことである。私はこの発言には大きな意義があったと思っている。

九月四日にブエノスアイレスに入ったとき、現地では福島第一原子力発電所の汚染水漏れが最大の話題になっていて、会うＩＯＣメンバーの全員に聞かれた。東京は大丈夫なのか、と。

当初、この問題は、総理の原稿には入っていなかった。アスリートが説明する問題でもなく、東京都の猪瀬直樹《いのせなおき》知事（当時）もプレゼンで取り上げる予定はなかった。しかし、あらゆるＩＯＣメンバーが心配して聞いてくるようなことをプレゼンターの誰一人として触れなかったら、「隠している」と受け取られるかもしれない。事実、四日に竹田会長が記者会見で質問されて、その時は的確に答えられず、批判を浴びていた。これは竹田会長が答えられる問題ではない。まだ政府から情報が届いておらず、そもそもこの問題の担当ではないのだから。

前日の三日に、日本政府は「廃炉・汚染水対策関係閣僚等会議」を開くことを決めて、四七〇億円の予算で国が前面に立って汚染水対策をやると決めたばかりだった。私はＩＯＣ総会でも質問が出ると予想して、事前に茂木敏充《もてぎとしみつ》経産大臣に頼んで英語の説明ペーパーを作ってもらい、心配しているＩＯＣ委員にはそれを配る用意をして現地に行った。ところが、我々が着く前に記者会見が開かれ、この問題に質問が集中したのである。竹田会長としては「東京は安全だ」と繰り返すしかなかったわけだが、メディアはごまかしていると取ったようだ。

翌日は東京都知事の記者会見が予定されていたので、私はすぐ猪瀬知事に会い、記者会見での質問に備えて政府の対策について説明した。それから、もっと細かいことを聞かれたときのために、自民党の東京招致推進本部長として現地入りしていた馳浩《はせひろし》衆院議員にもペーパーを渡して、フォローをお願いした。馳さんは原発の問題に詳しく、「放射性物質汚染対処特別措置法」を議員立法で作った中心メンバーである。五日午前のアスリートの記者会見でも、馳さんは国会議員の立場で記者の質問に答えていた。

六日、猪瀬知事の記者会見で予想通り、汚染水漏れの質問が出た。まず猪瀬知事が答え、続けて馳議員が丁寧に答えている。

総理のプレゼンと質疑応答で懸念を払拭

ここまでは乗り切った。問題は七日である。ＩＯＣ総会の当日、プレゼンでこのことに触れるべきか否か。触れるとしたらどのような表現にするか。この二点に結論を出す必要がある。

「総理が触れないわけにはいかないのではないか」

と私は考えた。

プレゼンターの中でこれに答えられる立場の人は総理をおいてほかにない。

この時、安倍総理は二〇カ国・地域（G20）首脳会合でロシアのサンクトペテルブルクにいた。ブエノスアイレスに入るのは総会前日の夕方の予定である。そこで五日に私の方から総理に電話をかけて、「現地はこうなっています」と状況を報告した。

「韓国等が東北八県の水産物の輸入禁止を決め、海外メディアはこの汚染水問題を中心に報道している。総理がこれについてまったく触れないわけにいかないと思うから、是非触れてほしい。その内容と表現については、目下、外務省と一緒に考えている。来られたら、是非そのことを相談したい」

こういった内容を安倍総理にお話しした。

その時点で総理は、「それは触れない。かえって誤解される」という判断だった。

でも、やはりこれは触れないわけにいかない。何度考えてもそういう結論になったので、総理が現地入りされた後、私と岸田文雄《きしだふみお》外務大臣と竹田会長が中心となって改めて現地の空気を安倍総理にお伝えした。そして説得をして、「では、入れよう」ということで決まった表現が、プレゼンの冒頭近くに出てくる以下の言葉である。

IOC総会でスピーチする安倍総理

「状況は、統御されています。東京には、いかなる悪影響にしろ、これまで及ぼしたことはなく、今後とも、及ぼすことはありません」

総理のプレゼンの時間は五分間である。それはあくまでも二〇二〇年のオリンピック・パラリンピックのためのプレゼンだから、福島原発問題に大きな時間を割くわけにはいかない。とにかく短く二、三行で入れることにして、あとは質問が出たときにより詳しく説明しようということになった。

そう決めたのが六日の夜八時頃である。それから具体的な説明の文案を練り、調整して決めていった。

こうして、要所要所におけるきめの細かい対応と関係者全員一丸となっての取り組みにより、東京招致が決まったのである。

東京オリンピック・パラリンピックを日本再生の起爆剤に

二〇一三年九月一三日、私は新たに東京オリンピック・パラリンピック担当大臣に任命された。五輪担当大臣は過去二回、置かれている。一九六四年の東京五輪と一九七二年の札幌冬季五輪である。いずれも招致が決まってから相当後のことで、今回のように直ちに担当大臣を置いたというのは異例である。安倍内閣としては「あとは東京都に任せる」ということではなくて、今後も政府全体で総合調整しながら戦略的に取り組んでいくということである。

私は二〇二〇年の東京オリンピック・パラリンピックを、単なるスポーツの祭典、あるいは一過性のイベントで終わらせたくない。日本再生の起爆剤、すなわちハード・ソフトの両面から新しい日本を創造していく契機としなければならない。特にソフト面では、日本人の意識の向上が人類に貢献できるような、五輪史上かつてない大会にしたいと思っている。壮大に過ぎるだろうか。決してそんなことはないと思う。

昨年三月、ＩＯＣ評価委員会が東京の視察で来日したとき、私はウルグアイの委員からこんなことを言われた。

2013年10月４日、「2020年オリンピック・パラリンピック東京大会推進室」が発足

「下村さん、あなたは日本国の文部科学大臣ですね。オリンピック憲章の精神は理想的なものですが、まだ世界のどこもこれを達成した国はありません。日本には、是非、それを実現する国、モデルになってもらいたい。日本だったらできる」

その人は剣豪、宮本武蔵の『五輪書《ごりんのしょ》』を翻訳で読み、いたく感動したという。

「剣術というのは人を殺す技術、テクニックですよね。でも、日本人はそれを精神性の高い武道にまで高めています。そのことに感動しました。スポーツを通じて人間の生き方、人生いかに生きるかを考える。そんなことをやっている国は世界の中で日本しかありません」

なるほどと思った。考えてみれば、日本は剣道、柔道、華道、茶道と何でも「道」にしている。日本と世界が違うのは、スポーツをスポーツで終わらせないで、テクニックのマスターや上達にとどまらず、それを生きる道にまで高めていく姿勢があることだ。しかし、そもそもオリンピック憲章はそういうことを謳《うた》っているのだとその委員は言っていた。

このような崇高な精神性は日本の宝であり、文化遺産と言えるものだと思う。それを我々日本人自身もよく自覚して、高めていくべきだろう。そして東京オリンピック・パラリンピックを通じて世界に発信していきたい。

世界でもまれな日本の「おもてなし」文化

今年一月一四日、文科省はかねて省内の若手・中堅職員が中心となって検討を進めてきた「夢ビジョン2020（文部科学省版）」を公表した。これは二〇二〇年をターゲットイヤーと位置づけ、東京だけでなく日本全体を元気にするため、「社会総掛かりで実現していく」ビジョンである。

その中で、わが国の強みとして「おもてなし」が強調されている。ＩＯＣ総会のプレゼンでは、フリーアナウンサーの滝川《たきがわ》クリステルさんが「お・も・て・な・し」とアピールして高い評価を得た。

我々はそれを当たり前のことと捉えているけれども、海外に行けば少しも当たり前ではないのだ。滝川さんは「日本では落とし物は必ず返ってくる」と言った。落とし物を見つけた時に、「これを落とした人は困っているだろうな」と考えるのが日本人である。日本人の繊細な気配り、相手の立場に立って考える想像力は、どこの国よりも素晴らしいものがある。

これは一体どこからきたのかと考えてみると、一人ひとりの個性や能力というよりは、日本人がこれまで培ってきた伝統、文化、習慣の中で知らず知らずのうちに身についている部分が大きいと思う。

もちろん、日本人にも、おもてなしどころか基本的なマナーさえ身についていない人は大勢いるが、一流と言われるところや社会的に名の通ったところは、どこも行き届いた接客をやっている。注意して見ていると、「なるほど、ここまで気を配っているのか」と驚くことが多い。外国に行ったときにそのことがよく分かる。これほどおもてなしの精神が徹底していて、あらゆることに気を配っているような国はほかにはない。それはやはり日本の素晴らしさだと思う。

日本人が空気のように当たり前と思い、意識していないもので、実は世界的に見て素晴らしいもの、誇るべきものはたくさんある。「和」の精神や協調性、勤勉さ、忍耐力、ケニアのマータイさんが世界に広めてくれた「もったいない（MOTTAINAI）」もそうだろう。

「おもてなし」の心を再発見し、日本を「文化芸術大国」に

そういう日本の精神性の深さを、我々はオリンピック・パラリンピックを通じて世界に発信していくべきだと思う。

その意味で、私は二〇二〇年の東京オリンピック・パラリンピックに向けて日本を「文化芸術立国」として位置づけたいと思う。

約四〇日間の大会期間中、世界中から約一万人のトップアスリートが来るが、世界のトップアーティストにも年間で一万人ぐらいにわが国を訪れてもらい、全国津々浦々で伝統行事や芸術イベントなどに参加してもらう。国内の観光客はもちろん、世界の観光客が日本の各地を訪れるきっかけを作り、それによって海外に日本文化を発信していく。それが地域おこしや町おこしにつながる、ということをやっていきたい。

それぞれの土地を訪れた外国の人たちが、日本に行ってよかった、九州に行って、北海道に行って、そこで日本の素晴らしさ、おもてなしを実感することができた、というふうになれば、そのこと自体が日本文化の世界に対する発信になるだろう。

また、オリンピック・パラリンピックは、日本人一人ひとりの意識を高める絶好の機会

になる。残念ながら我々の社会には非常に個人主義的で利己的な人もいて、マナーもへったくれもないとか、ちょっとしたことに目くじらを立てて突っかかってくるなど、ぎすぎすしたところもある。政府の人間や国会議員が「おもてなし」などと言えば、「国が押し付けるのか」と反発する人も出るかもしれない。

しかし「外国の人がたくさん来るからおもてなしの心でみんなで迎えようね」と言えば、誰もノーとは言わないだろう。「おもてなしの心は日本の心だ」と知れば、誰もが謙虚に学ぼうと思うのではないだろうか。だからこそ二〇二〇年の東京オリンピック・パラリンピックは素晴らしいチャンス、天が与えてくれたチャンスだと思うのである。

人は誰でも優しさ、思いやりに飢えている。愛情に飢えている。人は一人で生きていけるほど強くない。人と人との関わりの中で生きているのが人間である。

そういう中で、我々日本人は優しさ、思いやり、愛情を、受けるよりはむしろ与える人間になっていけたら、どんなにか素晴らしいことだろうか。

我々一人ひとりがそういう人間になれたら、日本はおのずと世界の中でより尊敬され、信頼される立場に立てるのではないだろうか。

「おもてなしの心」を再発見し、改めて身につけようとするとき、我々は自然とそういう人間に成長できるような気がしている。

六年後は、英語のできる一〇万人のボランティアが活躍

これから我々は二〇二〇年をターゲットイヤーとして東京オリンピック・パラリンピックの成功に向けて取り組んでいくことになる。

とかくメダルを量産することに目がいきがちだが、決してそれだけが目標ではないと肝に銘じる必要がある。

個々の日本人が、アスリートたちの努力や活躍を目にしながら、「自分も頑張ろう」という気持ちを持って、生きる力、やる気、意欲を発揮できるような環境を作っていかなければならない。

それができれば、日本はこの先、軍事大国でもなく、残念ながら経済大国の地位はかつてほどではなくなっても、文化芸術大国として、人を生かし、人を輝かせる人材大国として豊かであり続けるだろう。

具体的なポイントとして、学校教育では英語に力を入れることが既に決まっている。

小学校三年生から英語教育を開始する。小学五、六年生の英語は教科にしていく。

またこれまでは「読む」中心の英語であったが、これからは「書く・聞く・話す」能力

の向上にも力を入れ、英語を習えば習うほど外国人と生きたコミュニケーションが取れるようにしていく。

一言で言って、受験英語からコミュニケーション英語、日常活用できる英語へと思い切ってシフトしていきたい。中学高校の六年間、英語を習っても、ほとんど英会話ができないような英語教育は、グローバル化の時代には適さない。

中学校からは、英語の授業は原則として英語でやる。小学校はネイティブの先生を増やしたい。

英語は耳で覚える要素が強いから、早い時期にネイティブの英語に慣れて、できるだけジャパニーズイングリッシュにならないような環境で学べる場を作ってあげるのが大事だと思う。

また六年後は、特に東京の中高生にはボランティアとして活動してもらいたいと思っている。ロンドンオリンピックではボランティアが約三万人いたと聞いているが、東京は若い人を中心に一〇万人ぐらいのボランティアが必要になるだろう。その人たちは一定の英語力があることが望ましい。

競技場内のサポートだけでなく、東京全体をバリアフリー化して、身障者やお年寄りも含めてサポートできる態勢を作っていくことも大きな課題である。

日本人の海外留学生を倍増させ、グローバル人材を育成

最後に、海外留学について取り上げよう。文科省は最近、「トビタテ!留学JAPAN」という留学キャンペーンを開始した。

アンジェラ・アキさんの「手紙~拝啓十五の君へ~」をバックに著名人が留学支援のメッセージを語るプロモーションビデオ（PV）を三本制作し、去る二月にはAKB48の「恋するフォーチュンクッキー」の替え歌で「トビタテ!フォーチュンクッキー（留学JAPANバージョン）」をユーチューブなどで公開した。

ところが、「トビタテ!フォーチュンクッキー」公開の直後から、文部科学省には抗議の電話がたくさんかかってきた。

「国民の血税を使って、大臣が先頭に立って踊っている。とんでもない!」

という内容が多かった。

しかしこれには誤解がある。

実際の制作費用は九八万円なのである。

ほとんど協賛でお願いしている。替え歌は秋元康《あきもとやすし》さんが無料で作ってくれた。AKB48

AKB48メンバーらと「恋チュン」ポーズをする筆者

には無料で協力してもらった。パフォーマンスをしてくれた四七大学の学生もボランティアである。ＰＶの方は、滝川クリステルさん、宇宙飛行士の野口聡一《のぐちそういち》さん、フェンシングのオリンピアン、太田雄貴《おおたゆうき》さんがノーギャラで引き受けてくれた。なおかつＰＶについては、ＪＡＬやＡＮＡの機内や羽田空港のロビーなどで流してもらっているが、これも無償である。

確かに、正式に広告代理店に頼んで作ったら一億、二億のお金が吹っ飛んで行っただろう。それをトータル九八万円で抑えている。

では、なぜこういうキャンペーンを始めたのか。それはわが国の子供たちをもっと海外留学にチャレンジさせたいからだ。

先進諸国の中でわが国は、海外に行く留学

生の数が減っている稀有《けう》な国である。デフレで経済状況が厳しかったことや、若者の自信喪失が関係しているのだろう。国の支援や後押しが足りなかったことも問題としてあったと思う。

一〇年前のピークの頃は八万人を超えていたのが、今は六万人を切っている。特にアメリカの大学に在籍する日本人学生数は減少の一途をたどり、一〇年前の二分の一以下、約二万人にまで落ち込んでしまった。

人口が日本の半分以下の韓国は、海外留学生の数は日本の二倍に達し、中国に至っては一〇倍である。

留学生数の減少により、アメリカにおけるわが国の存在感は急速に薄れつつあり、国益の上でも好ましくない状況が生まれている。しかしそれ以上に、近い将来、海外に出て行くのが当たり前の時代がやってくる。その時、グローバルな社会で仕事をしていかなければならないのに、日本の未来を背負う若者が内向き志向では諸外国に太刀打ちできない。

この状況を打開するため、国が積極的にバックアップして、意欲と能力、そして志のある高校生・大学生なら誰でも海外にチャレンジできるよう大々的なキャンペーンを始めたのである。

政府は二〇二〇年までに、大学生の日本人留学生数を六万人から一二万人へ、高校生は三万人から六万人へと倍増させる計画だ。

二〇一四年度の海外留学に関する予算は八八億円確保した（前年度は五〇億円）。今後六年間でこれを八〇〇億円に増やしたい。さらに、民間からもファンドで二〇〇〇億円を募り、全部で一〇〇〇億円にして大きなムーブメントにしたいと考えている。

お金を配る側から出してもらう側へ、マインドが変わった文科省

ここでファンドについて補足説明をしておこう。

あるプライベートな会議で旧知の経営者と話していたとき、その人がこんなことを言った。

「人材が枯渇して困っている。自分の会社の半分は外国人だ。でも、本当は日本の企業だから日本人の学生を採りたい。日本人の繊細な感性、感覚は魅力だ。英語ができて、能力があって、日本人の志やアイデンティティーがしっかりしている社員を増やせたら、それはその方がいいに決まっている」

そこで留学生を増やす話をしたところ、お金を出して協力してもいいと言う。ここから始まったのが官民ファンドの事業である。

早速、ファンドで合計二〇〇億円集める企画を立てた。ファンドが無理なところには、無償での協力を呼びかけることにした。

文科省としては驚天動地の取り組みだろう。ひも付きなら黙っていてもそれなりのお金が集まるかもしれないが、これはひも付きではないのだ。企業にとっては、あくまでも先行投資であり、短期的には別にプラスになる話ではない。

目標額は二〇〇億円。これだけ集めるには一〇〇社回っても全然足りない。二〇〇社は回る必要がある。しかし役人が二〇〇億円も集めるのは大変なことだ。これまで文科省の職員は資金集めなどやったことがないのである。自分たちはいつも配る側である。だから偉そうになってしまう。特に文化芸術関係は、黙っていてもみんなが頭を下げにくる。今度は、こちらから頭を下げてお願いする番だ。

個々の企業を回るのは幹部やかなり上のクラスの職員である。ところが、何しろやったことがないものだから、優秀な役人なのにそもそもお願いの仕方が分からない。

クロージングに私がその企業の代表に電話をして、

「この度はありがとうございます。では五億でお願いします」

などと話して決める。

私が直接電話をするのは、最低三億円以上の企業である。

いざ電話をしてみると、金額を聞いていないという事態が続出した。

私が三億とか五億と言うと、

「えっ」

と電話口で絶句している。

私はてっきり話が通っているものだと思って電話するのだが、

「もう一度、検討させてほしい」

となることが多い。

具体的な金額まで詰めていなかったのだろう。

「役員会にかけないと何とも言えない」ということで、そのまま一カ月音沙汰なし。そんなこともざらである。

中には「わかった。出そう」と言ってくれる太っ腹の会長、社長もいる。後からＯＫの返事をくれる会社もある。報道で流れたのでご存じの方もいると思うが、ソフトバンクが三年間で一〇億円、三菱商事が七年間で五億円の寄付を決めてくれた。ありがたいことである。今後もねばり強くお願いしていくつもりだ。

企業側のメリットとしては、第一に、財務省の了解を得て、この基金については全額損金算入ができるようにした。

第二に、留学する前に目的意識を明確にするため事前研修をやることになっている。その時に企業の若手の人に入ってもらう。帰国後は事後研修もしっかりやる。そして企業にはインターンシップで学生を受け入れてもらう。そうやって企業とつながりができれば、中にはその企業で働いてみようという学生が出てくるかもしれない。

特にグローバル社会の中で、海外留学経験のある人材が欲しいと思っている企業にとっては、長い目で見てメリットがあるだろう。

ただ、直接的な見返りがあるかといえば、それはない。先行投資、あるいはその企業の社会貢献という観点でご協力をいただきたいと思っている。

これを始めて役人のマインドがだいぶ変わってきた。全体の目標額のほかに、誰それはいくらと目標を決めたのがよかったようだ。これまでとは発想を変えないととてもやっていけない。人の心をつかむ力も必要だろう。役人がいつまでも「お上意識」では困るのだ。企業と協働して、まさに官民一体となって、ターゲットイヤーの二〇二〇年に向けて「トビタテ！ＪＡＰＡＮ」の心意気でプロジェクトを進めていかなければならない。

第八章

教育立国のグランドデザインを描く

「誰もがいつでも、希望する質の高い教育を無償で受けられる社会の実現」、これを「二〇三〇年のビジョン」として設定したい。

二〇二〇年東京オリンピック・パラリンピックは天恵だ！

二〇二〇年東京オリンピック・パラリンピックが決まったことは、わが国にとって天恵、天が日本という国に与えてくれた恵みだと思う。

二〇二〇年という目標に向けて、これを最大限活用すべきだろう。これによって東京だけでなく、日本全国あらゆる地域を活性化していきたい。

また経済的な波及効果だけではなく、いま生きている日本人が、子供も大人も含めて、二〇二〇年に向けてもう一度、新たなチャンス、可能性に挑戦しよう、そしてその先に豊かな自分、誇りある自分を築いていこう、そう思えるような大きなムーブメントを作っていきたい。

「トビタテ！留学ＪＡＰＡＮ」のキャンペーンは、高校生や大学生のやる気、意欲に火をつけていると思う。

「自分も留学したい、国際的に通用する社会人になりたい」と思うような子供たちがどんどん出てきてほしい。そしてこれからは、留学に限らず、ありとあらゆる部分で一人ひとりにチャンス、可能性を提供する国にしていきたい。

六年後の東京オリンピック・パラリンピックは、一九六四年の前回大会がそうであったように、日本が今後進む方向性を形づくる、わが国にとっての大きなターニングポイント（転換点）になると考えられる。

これを一過性のスポーツの祭典に終わらせてはならない。前章でも述べたように、このオリンピック・パラリンピックをきっかけに新しい日本を創っていく。日本再生の起爆剤としなければならないのである。

では、二〇二〇年に向けて求められる日本再生のビジョンとは何か。また、二〇二〇年のその先にある新しい日本のビジョンをどう描くか。そのことが今、問われていると思う。

もとより一国の近未来のビジョンを描くというのは簡単なことではない。視点の置き方によっても、描かれる姿は違ってくるだろう。私は、これから日本がめざすべき方向性は、まさに教育によってすべての人にチャンス、可能性を提供することにより、一人ひとりの豊かさを支えていくことだと考えている。教育により、一人ひとりが豊かになっていくための環境を作るのである。

教育立国の実現こそ多くの国民が共感できる近未来の日本の姿ではないだろうか。私はこういう思いから、これまで二十数人の専門家や経済界の方々にもご協力をいただきながら文科省の中で検討を重ねてきた。ここにその成果の一端を記しておこうと思う。

今どのような国のかたちが求められているのか？

私は決して国家主義者ではないけれども、国家の役割を軽んじるような考え方には同調できない。この先の未来を展望しても、少なくとも近い将来、国という基本単位が消滅するとは考えられない。

今、世界には二〇〇近くの国があり、これから人口はますます増えていくだろう。一方で天然資源は限られている。そうした中で人類が生き残っていくためには、共存共栄という共通意識を持った有効な国際機関が国の枠を超えて活動するとか、たとえばＥＵのように国はそれぞれ別でも共同体として活動するとか、そういうことが今後、全体としては増えてくるだろうと思う。

ＴＰＰ（環太平洋パートナーシップ）協定なども、そのような流れの中で出てきたことで、関税障壁を撤廃しながら、経済的には世界が同じ土俵の中でグローバルな活動がより自由にできるようにするという方向性になっている。人類が生き残りをかけて、今や待ったなしの環境問題、食糧問題、水問題、資源問題等々への取り組みを迫られる、そういうところに来ているのは間違いないと思う。

しかしだからといって、世界が一つの共同体になるとか、もっと進んで世界国家、世界連邦ができるというのは、まだ現実味のある話ではない。少なくとも当面の間、そこまではまだ考えられない。今の段階では、依然として一つの単位として国があるというのは、動かすことのできない事実である。その国をどう豊かな国にするかということは、同時にその国に住んでいる国民一人ひとりの豊かさにつながってくると思う。

国のかたち、国の基本構造がどうなっているかは、国民一人ひとりの豊かさに直結する非常に大事な問題である。たとえば、お隣の朝鮮半島は韓国と北朝鮮に分かれているが、同じ民族でも国によって経済発展の度合いに大きな違いが出ている。それはまさに国家のありようがそのまま国民の豊かさに影響するという典型的な事例であろう。

したがって、地方分権というのはもちろん必要ではあるが、どういう国家形態が望ましいのか、また国民にとってあるべき国のかたちとは何なのかをより深く思考していくことは、国家主義ということではなく、国政に携わる者として欠くことのできない視点、重要な視点なのである。そのことを踏まえた上で、ではこれからの国の役割は何なのかということを、私自身は常に求めていきたいと思っている。

近代国家が成立して、一九世紀まで国の役割は「夜警国家」であった。国内の治安を維持する警察、対外的には国の守りを固める防衛、そういった夜警国家的な役割を国は果たしていた。国民の生命財産を守ることが主で、それ以外のことは国民に任されていた。二〇世紀になると、これに加えて「福祉国家」の役割が出てくる。「揺りかごから墓場まで」と言われるように、その国に生まれた人が等しく享受できるような社会福祉環境を作ること、国民の生活と健康を守ることが、個人の努力を超えた国家の役割として重視されるようになってきた。

二一世紀の国の役割は「教育立国」「文化芸術立国」

二一世紀はどうか。国の肥大化ということについては行財政改革の観点から十分に考えていかなければならないが、しかし「小さな政府」か「大きな政府」かということで言えば、やはり後者、つまり国民の多様なニーズに応えられるような国家のありようが求められている。そういう中で、二一世紀はさらに「教育立国」「文化芸術立国」、それが今後の国の役割として重要になってくるだろう。

教育立国を考えるとき、家庭の経済格差が教育格差につながるようなことは、何としてもなくしていきたい。私が交通遺児として高校へ進学した当時と比べると、今は経済格差が拡大して貧困率も上昇している。これは非常に残念なことで、教育上、機会の均等は保障されるべきである。その思いは私が政治家を志した原点であり、今も少しも変わることなく持ち続けている信念である。

東京大学の調査によると、親の世帯年収九五〇万円以上の東大生は五七%にも上るという（「二〇一二年学生生活実態調査の結果報告書」東京大学学生委員会学生生活調査室）。また、親の年収が高いほど子供の学力も高い傾向が見られる。四年制大学進学率が親の年収と正比例しているというデータもある。塾や家庭教師も含めて親が子供にどういう教育投資をするかが、学歴や学力にも影響しているということだろう。

この現状を変えていかなければならない。そのためには、「未来に対する先行投資」として教育を位置づけること、そして社会保障というと年金、医療、介護のイメージが強いけれども、これからは教育を「将来に対する備え、すなわち社会保障」として位置づけることも考える時期にきていると思う。

そうした視点から、私は「二〇二〇年のビジョン」として、「家庭の経済状況や発達の状況などにかかわらず、意欲と能力のあるすべての子供・若者が質の高い教育を受けることができる社会の実現」を掲げたい。そしてさらにその先には、「誰もがいつでも、希望する質の高い教育を無償で受けられる社会（生涯学習社会）の実現」、これを「二〇三〇年のビジョン」として設定したいのである。

なぜ教育立国をめざすのか

二つのビジョンは、教育立国を実現するにはどうしたらいいかという検討の中で生まれた。以下では、これらのビジョンについて、「なぜ教育立国をめざす必要があるのか？」という基本的なところから、順を追って説明していこう。

実は今、さまざまな指標で見るわが国の状況は極めて危機的なところにきている。その要因として挙げられるのが少子化・高齢化とグローバル化である。これらの影響で、今後は経済成長が鈍化するだけでなく、経済規模そのものが縮小する可能性が高いと見られている。

経済成長の要素は、ごく単純化すれば、次のように分解できる。

経済成長＝一人ひとりの生産性×生産人口

「一人ひとりの生産性」については、一人当たりＧＤＰはすでに一九九三年の世界第三位が二〇一二年には第一八位まで落ち込み、労働生産性もＯＥＣＤ加盟三四カ国中第二一位、

Ｇ７諸国で最下位（二〇一二年）にとどまっている。
「生産人口」については、現在、一五〜六四歳の生産年齢人口は約八〇〇〇万人であるが、それが五〇年後の二〇六〇年には約四〇〇〇万人と半減すると予測されている。また、労働力率（一五歳以上人口に占める労働力人口）の比較でも、アメリカの六四・一％に対してわが国は五九・三％と高い水準にはない。

この二点を右の経済成長の式に当てはめて考えると、生産性と生産人口の両方が低下するのであるから、経済成長は厳しいということになる。このまま放っておくと、もはやわが国の発展ということはあり得ない。成熟国家として、あとは衰退するだけという厳しい未来が待っているのである。

では、このことは教育とどう関係するのだろうか？　一見して、教育とは無縁の話のように思われるが、そうではない。問題は、教育の現状、特に家計の教育費負担の重さが、経済成長の二つの要素である生産性と生産人口にマイナスの影響を与えていることにある。

教育費負担が重いことにより、低所得層の子供たちが適切な教育を受けられない現実がある。そのことによって、一人ひとりの能力、可能性を最大限に引き出すことができていない。これが生産性上昇を阻む要因となっている。

また、少子化に歯止めをかけなければいけないのに、やはり教育費負担の重さがネックとなって、子供を産みたくても産む決断ができない、あるいは、本当は子供は二人欲しいけれども一人で我慢せざるを得ない、といったことが起きている。これも生産人口拡大を阻害しているのである。

たとえば子供二人を大学まで卒業させるために必要な教育費は、小中のみ公立で高校から私立に行ったとして、大学まで含めて一人当たり約一三〇〇万円かかる（幼稚園～高等学校は「平成二二年度子どもの学習費調査報告書」文部科学省に基づいて作成。大学は「平成二二年度学生生活調査報告」独立行政法人日本学生支援機構に基づいて作成。幼稚園～高等学校の教育費は学校教育費、学校給食費及び学校外活動費の合計。大学の学費は授業料、その他の学校納付金、修学費、課外活動費、通学費の合計）。二人だと二六〇〇万円。今の日本は雇用者に占める非正規雇用が四〇％に達している。非正規雇用の家庭が、実際に子供を二人、大学まで行かせられるかというと、今のままではかなり厳しいという課題がある。

一方で教育支出の公財政負担の割合は、就学前教育、つまり幼稚園児が四五・二％で、これはＯＥＣＤ加盟二六カ国中最下位である。高等教育も三四・四％で同加盟二八カ国中二五位。このように国の財政負担が少なく、個人負担によって教育がまかなわれていることが、少子化の要因にもなっているのである。

持続的成長のためには「教育の充実」しかない

次に、予想されるわが国の未来を、より具体的に見ておこう。

図1をご覧いただきたい。ここに一人当たりの財政支援額（年間）を示しておいた。今は高齢者に対して約二三六万円の支援がある。年金、医療、介護といった社会保障費が多い。これに対して幼稚園児は約三〇万円、小中高校生が約九二万円、大学生が約九四万円で、お年寄りにとっては恵まれた環境であるが、子供や若い人たちは軽視されている状況がある。

このままの状態が続いた場合、六〇年後にどうなるかを示したのが図2である。人口構造的には、少子化・高齢化の影響で子供の数が減り、一五～六四歳の社会を支える主役の層が半減する。高齢者の割合は四割を超える。人口の総数が減り、GDPは二七二兆円に、国の税収は二四兆円に落ち込んでしまう。

したがって、このまま何も手を打たなければ、わが国の行く末は衰退しかないのである。税収が減って社会保障費が増えるわけだから、社会保障制度の存続は困難となるだろう。国民生活を向上させる施策や経済発展のための施策も限られてくるし、財源を確保できな

図１　現在の１人当たり財政支援額（イメージ）

（出典：文部科学省，平成26年３月）

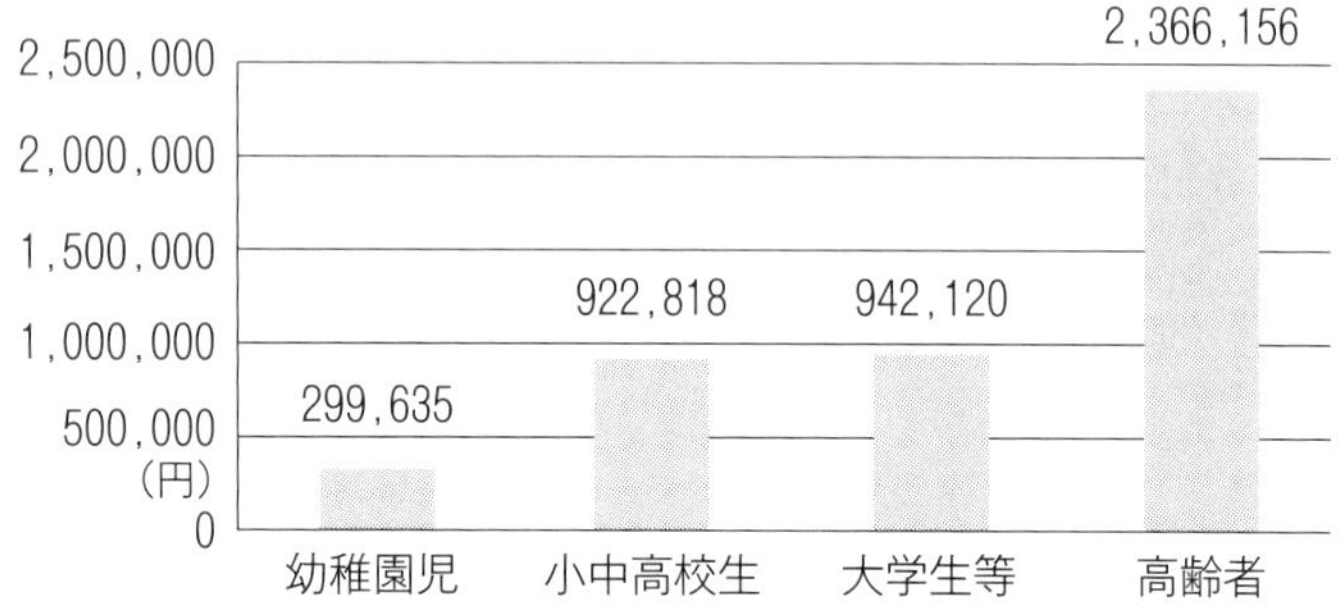

※１年当たりの公財政支出金額（「幼稚園児～大学生」は2010年、「高齢者」は2009年）
※「幼稚園児～大学生」については、OECD.Statisticsを用いて、各学校段階の公財政教育支出総額（機関補助＋個人補助。国・地方の計）を在学者数で除して算出
※「高齢者」については、国立社会保障・人口問題研究所発表の社会保障給付費のうち高齢者関係給付費（68兆6,422億円）を65歳以上人口（2,901万人）で除して算出

ければ格差是正策も打ち出せない。各個人がその能力・可能性を最大限発揮できるような環境を整えることは難しくなるだろう。そうなれば、「成長し続け、安全で安心して暮らせる社会」とか「一人ひとりの豊かな人生」と言っても、お題目だけで、その実現は遠のくことになる。

　長い目で見たとき、我々は今、岐路に立っているのである。このまま何もせず、手をこまねいていれば、この国は衰退の道をたどることになる。しかしそれは我々の望むところではない。何か手を打たなければならないが、打つべき手は、ここまで述べてきたところからすでに明らかである。

　わが国衰退のシナリオには教育の問題が深く関わっていた。衰退をもたらす要因の

図２　このままの状況が続いた場合の60年後の日本

（出典：文部科学省，平成26年３月）

〈現　状〉

人口構造

	総数	0～14歳	15～64歳	65歳以上
人口	1億2,700万人	1,600万人	7,800万人	3,300万人
割合	—	12.7%	61.3%	26.1%

※「日本の将来人口推計」(H24.1 国立社会保障･人口問題研究所)における2014の値

GDP

478.4兆円

※「国民経済計算」（内閣府）における2013暦年の名目 GDP の値

国の税収

42.9兆円

※2012年度決算より

〈予想される60年後の姿〉

人口構造

	総数	0～14歳	15～64歳	65歳以上
人口	7,300万人	600万人	3,600万人	3,100万人
割合	—	8.6%	49.7%	41.7%

※「日本の将来人口推計」における予測値を踏まえ作成

GDP

272.0兆円

※１人当たりGDPが現在と同水準で推移すると仮定し、上記人口減を反映して推計

国の税収

24.0兆円

※上記のGDPを前提に、消費税率10%引上げ後の租税負担率（国税・一般会計）予測：12.1%を用いて推計。なお、現在の１人当たり支出額を前提に、60年後の「社会保障」に係る一般会計支出額を試算すると、約23.7兆と推計

一端に、教育上の課題があったのである。ここに大胆にメスを入れ、課題を解決することができれば、描かれる今後のシナリオはまったく違ったものになるだろう。

経済成長をもたらす二つの要素は「生産性」と「生産人口」であった。前者を改善するには、一人ひとりが持つ能力・可能性を最大限伸ばす必要がある。それには教育の質の向上が欠かせない。また、低所得層であっても、意欲と能力のある者には適切な教育機会が提供されなければならない。経済的理由で進学を断念するようなことは極力なくすべきだ。後者については、家計の教育費負担を軽くして、出産・子育て・女性の社会参画を支援することである。これによって出生率の向上を図る。少子化に歯止めをかけ、一五〜六四歳の生産年齢人口の減少を抑えると同時に、労働力率を高める意味では女性の社会参画も進めていかなければならない。高齢者でも、働ける人には働いてもらうことがこれからは必要になってくる。

このように、衰退回避をもたらすものは、教育の質の向上と教育費負担の軽減、一言で言えば「教育の充実」である。結局のところ、天然資源の乏しいわが国が今後も成長・発展を続けていくためには、「人の力」を高めていくしかないのだ。

教育の充実は、何よりも一人ひとりに豊かな人生をもたらしてくれる。しかし、それのみにとどまるものではない。社会全体に対しても、①経済成長・雇用の確保、②格差の改善（公正・公平な社会の実現）、③少子化の克服、という三つの効果をもたらし、さまざまな側面からわが国の成長や発展に向けて大きな役割を果たしてくれる。さらに大事なことは、①〜③の三つを同時に実現できる政策は教育のみだということである。

「教育投資の減額」は日本の未来を暗くする

教育の充実を果たすには公財政支出が欠かせない。教育における投資をこれからしっかり考えていく必要がある。ところが、財務省が今やろうとしているのは、少子化を理由とした財政支出の削減である。これは本末転倒であろう。未来を担う子供・若者への支援である教育投資を減らすことは、結果的にわが国の経済、社会を停滞・縮小させることにしかつながらない。目先のコストで考えていって、子供の数が減るのだからコストを減らして当然という考え方では、未来の発展はあり得ないと思う。

むしろ、グローバル化がさらに進展する中、少子化・高齢化の試練を乗り越え、わが国が世界に伍して発展し、成長していくために必要なのは、「世代を超えて、すべての人たちで子供・若者を支えることにより、家庭の経済状況や発達の状況（発達障害等を含む）などにかかわらず、意欲と能力のあるすべての子供・若者が質の高い教育を受け、一人ひとりの能力・可能性を最大限伸ばして、それぞれの夢にチャレンジできる社会の実現」である。

この大目標に向かって、教育を日本の再生・成長戦略の柱として位置づけ、まずは二〇二〇年までに何ができるかを検討し、速やかに実行していく必要がある。そしてその先の日本、新しい日本をどう創っていくかということも考えていかなければならない。

二〇二〇年をターニングポイントに設定するのは、その年に東京オリンピック・パラリンピックが開かれるということもあるが、決してそれだけが理由ではない。その年までに、わが国が次に進むべき道を見いだし、少子化をはじめとするさまざまな課題の解決に道筋をつけておかなければ、状況は加速度的に悪化して、危機突破の糸口すら失うこととなりかねないからである。それくらいわが国が直面する危機は深刻だということである。

具体的には、「二〇二〇年のビジョン」として「家庭の経済状況や発達の状況などにかかわらず、意欲と能力のあるすべての子供・若者が質の高い教育を受けることができる社会の実現」を掲げ、幼児教育の質向上・無償化、高等学校教育や高等教育（大学教育など）における一層の家計負担軽減、大学等の質・量の充実、グローバル人材の育成など、さまざまな施策の実現に取り組んでいく必要があると考えている。

そして、これらの施策の実現に取り組むに当たっては、分かりやすい明確な目標を設定

図3　日米の大学1年生の学修時間（1週間当たり）

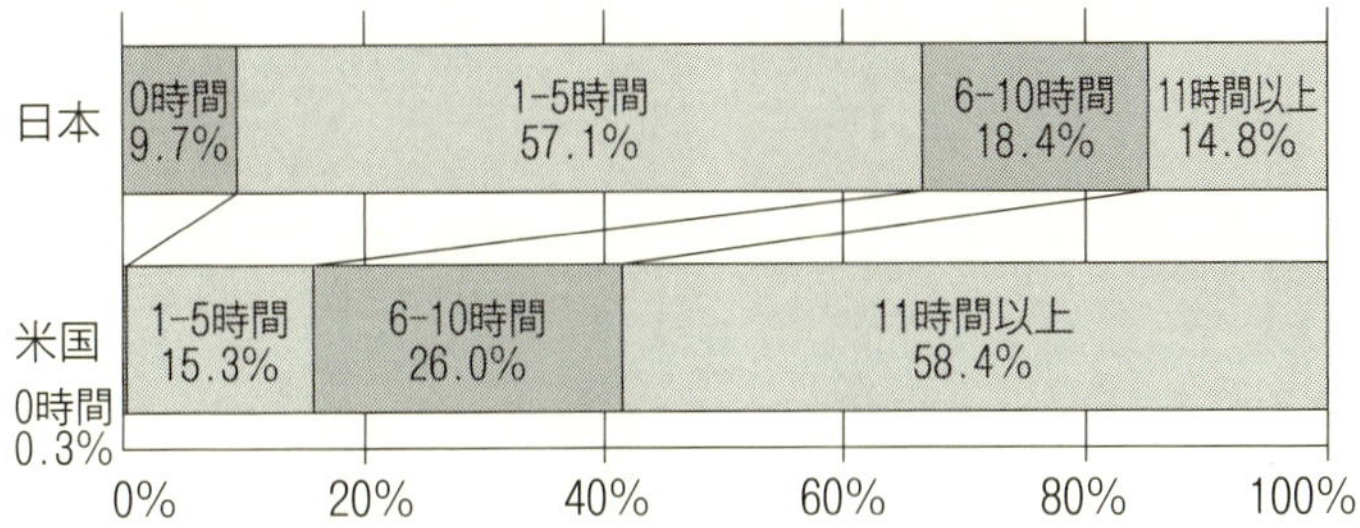

出典：東京大学大学経営・政策研究センター（CRUMP）
『全国大学生調査』2007年、サンプル数44,905人
http://ump.p.u-tokyo.ac.jp/crump/
NSSE（The National Survey of Student Engagement）

して、重点的に取り組んでいくのがよいだろう。

目標の例としては、次のようなものが考えられる。

・世界最高水準の学力と規範意識の育成
・学生の学修時間を米国並みの水準まで増加
・世界大学ランキングの「トップ一〇〇」に日本の大学を一〇校以上、ランクイン
・大学等への社会人入学者を倍増
・中学生、高校生、大学生及び英語教員の英語力の向上
・日本人の海外留学生数を倍増
・留学生三〇万人計画の実現
・家庭の経済状況が学力や進学に与える影響の改善

いくつか補足しておくと、たとえば「学生の学修時間を米国並みの水準まで増加」については、日本の大学一年生の学修時間はアメリカと比べて

大幅に少ないというデータがある。図3を見ると歴然としているように、アメリカでは授業に関する学修時間が一週間当たり一一時間以上という学生が五〇％を超えているのに、日本では一五％弱しかない。勉強していない。これは学生だけの問題というよりも、勉強しなくてもいい仕組みが通用してしていることに問題があると思う。教育をする側、あるいはシステムに問題があるということだ。

「大学等への社会人入学者を倍増」は、社会人の学び直しを支援したいという意図がある。転職するためにはスキルアップして能力を磨かない限り、ステップアップにはならない。そのためいったん大学や専門学校、専修学校で学び直して、それから社会にもう一度、送り出していくような循環型の社会を作っていく必要がある。

教育に必要な財源はこうやって確保する

次に問題となるのは、教育を充実させるための財源である。「教育投資が必要なのだから、あとは財務省が何とかしてほしい」ということでは、未来永劫、教育にお金が回ってくることはない。

赤字国債を発行してまで奨学金の対象者を増やすとか、大学の学費を無償化するという

図4　幼児教育が将来に与える影響

質の高い幼児教育プログラムへの参加は、将来の所得向上や生活保護受給率の低下につながる。（ペリー就学前計画※の結果による）

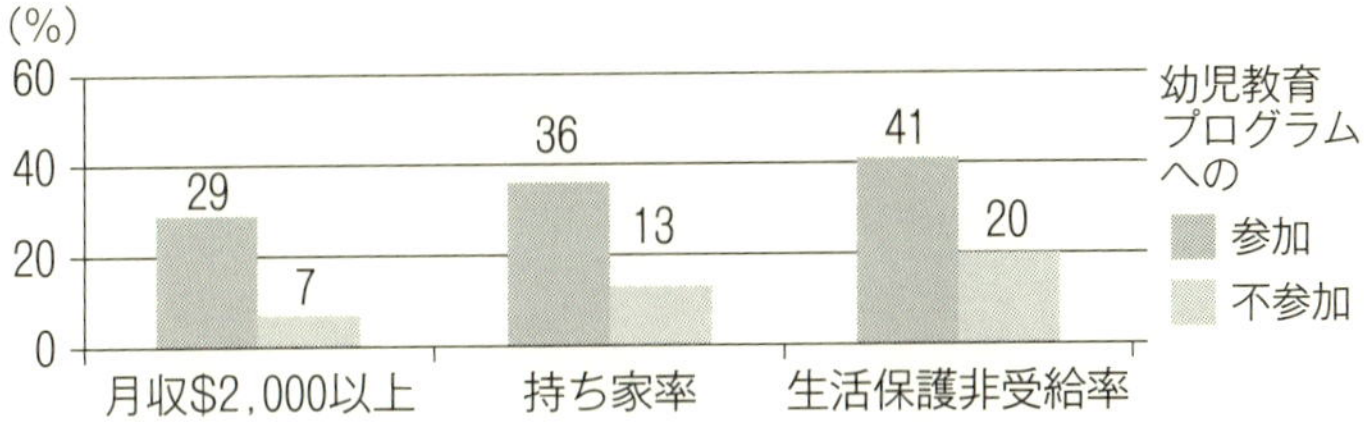

出典：Heckman and Masterov (2007) “The Productivity Argument for Investing in Young Children”

※「ペリー就学前計画」とは、1960年代のアメリカ・ミシガン州において、低所得層アフリカ系アメリカ人３歳児で、学校教育上の「リスクが高い」と判定された子供を対象に、一部に質の高い幼児教育を提供し、その後約40年にわたり追跡調査を実施しているもの

ことについては、国民の理解を得るのは難しい。財源はやはりどこかから持ってくるしかない。公平・中立・簡素という税の三原則に基づき、できるだけ広く、薄くということで国民の理解を得るべきだろう。

その最初のステップとして、「各教育段階の性質」と「中心となる政策」を踏まえて「財源の方向性」を検討することになる。話がやや専門的になるので、一例として幼児教育を取り上げて説明しよう。

「幼児教育段階の性質」を見ると、この時期に良好な教育を受けた場合、特に、社会性・忍耐・やる気などのいわゆる「非認知能力」が育まれるとされている。このような能力は、その後の学習や社会生活の基礎となるものであり、基礎的な能力の修得などにも効果があると考え

られる。現に、これまでの研究成果では、たとえば、幼児教育を受けていないグループでは「一四歳での基本的な到達」の達成割合が一五％にとどまるのに対し、質の高い幼児教育を受けた場合に四九％まで上昇するといった結果が出ている（「The Perry Pre-school study（1964〜）」など。図４も参照）。

家庭や地域の教育力の低下が指摘される中にあって、このような点を踏まえれば、すべての子供たちが質の高い幼児教育を受けられる環境を構築することは、経済的・社会的格差の縮小をもたらし、貧困家庭に育った子供が大人になっても貧困になるといういわゆる「貧困の連鎖」の防止にも効果を持つと考えられる。

また、他の学校段階と比べて、最も社会的収益率（私的収益率＋公的収益率）が高いとの分析もある。幼児教育の充実が将来のより高い収入や非行・犯罪の抑制などにつながるということである。

さらに、幼児教育無償化に向けた段階的な取り組みが進められているものの、現在もなお、家計の教育費負担が重く、このことは子育ての不安要因ともなっている。

「中心となる政策」は、こうした幼児教育段階の性質に合わせて検討される。低所得世帯、子供の多い世帯への支援としては社会政策、少子化対策が対応するだろうし、全世帯への支援や教育の質の向上については公共政策が対応する。

ここから、おのずと「財源の方向性」が見えてくる。たとえば、この場合の社会政策は所得の再分配であるから、所得税（累進的）や相続税など、高い所得・資産を有する層を中心とした負担が望ましい。また、公共政策については、消費税財源の活用により社会全体での負担が望ましい。こういう結論になるわけだ。

初等中等教育、高等教育（大学教育など）についても、それぞれの教育段階の性質に応じた財源の方向性が考えられる。もっとも、いくら「この財源が望ましい」「広く、薄く」といったところで、国民の支持と理解がなければできることではない。

私としては、教育の充実を速やかに実行する「二〇二〇年のビジョン」「二〇三〇年のビジョン」を丁寧に説明して、できるだけ多くの国民から賛同を得られるよう全力で取り組む決意である。

二〇二〇年のビジョンその1
経済成長・雇用の確保

図5に掲げたのは、「二〇二〇年教育再生に向けたグランドデザイン」である。掲載スペースの問題もあるので、「ビジョン」の部分だけを抜粋した。いずれ詳細版も含めてその全体像を公表する予定である。

我々がめざすべき当面の目標は「二〇二〇年のビジョン」である。六年後までにこのビジョンを達成し、これを跳躍台にして次の「二〇三〇年のビジョン」に進んでいければベストであろう。

先ほど、教育投資の充実によって、①経済成長・雇用の確保、②格差の改善（公正・公平な社会の実現）、③少子化の克服、という三つの効果が期待できると述べた。しかもこの三つを同時に実現できる政策は教育のみである、と。

そこで、①〜③のそれぞれについて、定量的な分析も交えながら、あくまで粗い試算という前提で一つの推計例を以下に示す。

まず①の経済成長・雇用の確保について。「二〇二〇年のビジョン」に示した政策（幼児教育の質向上・無償化、高等学校教育費や高等教育費の負担軽減、大学の質・量の充実、グローバル人材の育成その他）により、

（1）一年当たり九万人程度が大学等に新たに進学（「教育費負担と学生に対する経済的支援のあり方に関する実証研究」平成二四年、研究代表＝小林雅之東京大学教授、及び「親と子の生活意識に関する調査」平成二四年五月、内閣府に基づく。経済的理由による進学断念者約七万人＋学業不振による進学断念者約五万人の三分の一として推計）

（2）高校中退者が一年当たり二〇〇〇人程度減少（「平成二四年度児童生徒の問題行動

図５　2020年教育再生実現に向けたグランドデザイン

	課題（使途）
2014年	**教育費負担軽減、グローバル人材育成に係る施策等を特に優先** （最優先で着手すべき施策の例） **★幼児教育にかかる家計負担の軽減** ・低所得世帯（５歳児）の幼児教育無償化【200億円＋α】 **★グローバル人材の育成** ・日本人の海外留学生数の倍増を目指し、支援を拡充（給付・貸与）【100億円＋民間寄附】 （※併行して、大学の機能別分化の促進、アクティブ・ラーニングや双方向の講義への転換など、大学の質の保証・向上に向けた取組を進めることが不可欠）
2020年のビジョン	**◎家庭の経済状況や発達の状況などにかかわらず、意欲と能力のあるすべての子供・若者が質の高い教育を受けることができる社会の実現** （上記の実現に向けて、順次着手していくべき施策の例） **★幼児教育の質向上及び無償化** ・幼児教育の無償化【8,000億円】 ・幼稚園教員・保育士の待遇改善を通じた資質能力向上（私立幼稚園教員等の待遇を公立並みまで改善）【4,000億円】 **★高等学校教育に係る一層の家計負担軽減** ・低・中所得世帯の私立高校生の授業料等の無償化【4,000億円】 **★高等教育に係る一層の家計負担軽減** ・大学生・専門学校生等の奨学金について、全体の半分を給付型に、半分を無利子に転換【8,000億円（※教育訓練給付も含む）】 ・大学生·専門学校生等の学納金について、低所得世帯は無償、中所得世帯は半額【１兆円】 **★大学等の質・量の充実** ・意欲・能力を有するにも関わらず経済的理由により進学を断念している者、学び直し意欲を有する社会人、留学生など（計20万人程度）が大学に進学・修学（大学進学率が７割程度（※検討中）まで上昇）（１人あたりの機関補助額も充実）【7,000億円】 **★グローバル人材の育成** ・大学生の１割（29万人）が留学、高校生の海外留学生を倍増（全員を給付型で支援）【1,000億円＋民間寄附】 ・「留学生30万人計画」の実現【1,000億円】 ※このほか、少子化により生じた財源＋αを活用し、初等中等教育における少人数教育の推進、グローバル化などにも対応した教員の資質能力向上、ICT教育環境の整備、特別支援教育充実に向けた環境整備、個人の能力・適性に応じた学びの保証（学制改革）なども実施 （⇒以上をすべて実施した場合の所要額：約５兆円）（GDP比4.8％（OECD平均5.8％））
2030年のビジョン	**◎誰もがいつでも、希望する質の高い教育を無償で受けられる社会（生涯学習社会）の実現** （施策の例） **★高等教育無償化の拡大**【３兆8,000億円（全学生等を無償化した場合）】 ※金額は上記（１兆円）に加えて必要な所要額 （⇒以上をすべて実施した場合の所要額：約10兆円）（GDP比5.8％（OECD平均5.8％）） ※「施策の例」を全て実現した場合のGDP比イメージ ・就学前0.3％（OECD 0.6％）・初中2.8％（OECD 3.8％）・高等2.1％（OECD 1.4％）

※所要額は粗い試算であって、大幅に変動することがあり得る。

等生徒指導上の諸問題に関する調査」文部科学省に基づく。経済的理由による中退者約一〇〇〇人＋学業不振による中退者約四〇〇〇人の三分の一として推計）

（3）出生数が五％程度上昇（「出生動向基本調査」平成二二年六月、国立社会保障・人口問題研究所に基づく。阻害要因がすべて解決すれば一夫婦当たりの子供数が二・〇七人〈予定子供数〉から二・四二人〈理想子供数〉になると仮定した上で、阻害要因全体のうち「子育てや教育にお金がかかりすぎること」が影響している割合は約二七％として推計〈一夫婦当たりの子供数が二・〇七人から二・一七人に上昇〉）

以上の三点が実現した場合、これまでの研究成果に基づくと、約六〇年後には以下のような効果が発生すると考えられる。

「GDPに対する影響」としては、教育投資の充実を行わず、人口減少が続いた場合と比較して、単年度のGDPを最大で一〇八兆円程度増加させる可能性がある（内訳は（1）と（2）の効果が約六兆円、（3）の効果が約一〇二兆円である）。

「税収に対する影響」としては、同じく、単年度の税収を最大で二一兆円程度増加させる可能性がある（内訳は（1）と（2）の効果が約一兆円、（3）の効果が約二〇兆円である）。

「公的支出に対する影響」としては、教育投資の充実を行わなかった場合と比較して、単年度の公的支出を九〇〇〇億円程度抑制する可能性がある。

こういう効果が出てくるのは、教育投資の充実を行うことで、それまで経済的余裕がなくて進学を断念していた生徒たちが大学に行けるようになり、高校中退者も減る。家計負担が軽くなって出生率も上がってくる。それがGDPにプラスの影響を与えるからである。その結果、税収についても、将来的には単年度で税収を増やす効果を見込める。

公的支出の抑制額、約九〇〇〇億円の内訳は、失業給付・犯罪対策費等が約一二〇〇億円、医療費が約一二〇〇億円、生活保護費が約六七〇〇億円である。つまりその分だけ公的支出を節約できるということである。

ここに一つ重要な、にわかには信じられないような事実がある。それは高卒者と大卒者の生涯所得の差が平均して約九〇〇〇万円もあるということだ（男性：引退まで、退職金を含む。文部科学省委託研究「我が国の教育投資の費用対効果分析の手法に関する調査研究」平成二二年三月、三菱総合研究所。失業給付・犯罪対策費等も同様）。子供の大学進学について経済的な理由で躊躇していたとしても、高卒と大卒の生涯所得が九〇〇〇万円も違うのであれば、親としては無理をしてでも子供を大学に行かせてやりたいと思うのは当然だろう。おそらく、世の親たちの多くは、このデータを知らなくても、直感的にはそういうことを分かっているのではないかと思う。

教育投資の観点で見ると、ラフな数字だが、国立大学文系の場合、年間一人当たり一〇〇万円ぐらいは税金を投入していると思う。ということは、四年間で一人当たり約四〇〇万円。それだけの額の税金を投入して平均して約九〇〇〇万円の所得が生み出されることになる。それに伴って税収も増え、将来の年金、医療、介護の負担軽減にもつながる。何よりも本人にとっては幸福度が増し、心豊かで文化的な生活の実現に近づくことができる。

教育投資を増やして大卒者を増やすことは、本人にとっても社会にとってもメリットが大きいのである。

二〇二〇年のビジョンその2

格差の改善

次に、②の格差の改善（公正・公平な社会の実現）について。図6は高校卒業後の進路を両親年収別にグラフ化したものである（「高校生の進路追跡調査第一次報告書」東京大学大学院教育学研究科大学経営・政策研究センター、平成一九年九月）。年収一〇〇〇万円以上の家庭は六二・四％が大学に進み、年収四〇〇万円以下の家庭は三一・四％とその半分である。グラフから四年制大学進学率が親の年収ときれいに正比例していることが読み取れる。家庭の経済状況により大学に進学できない層が存在し、格差の固定化・再生産という現象が生じている。低所得層の子供にとっては、チャンス・可能性がそれだけ限ら

図６　高校卒業後の予定進路（両親年収別）

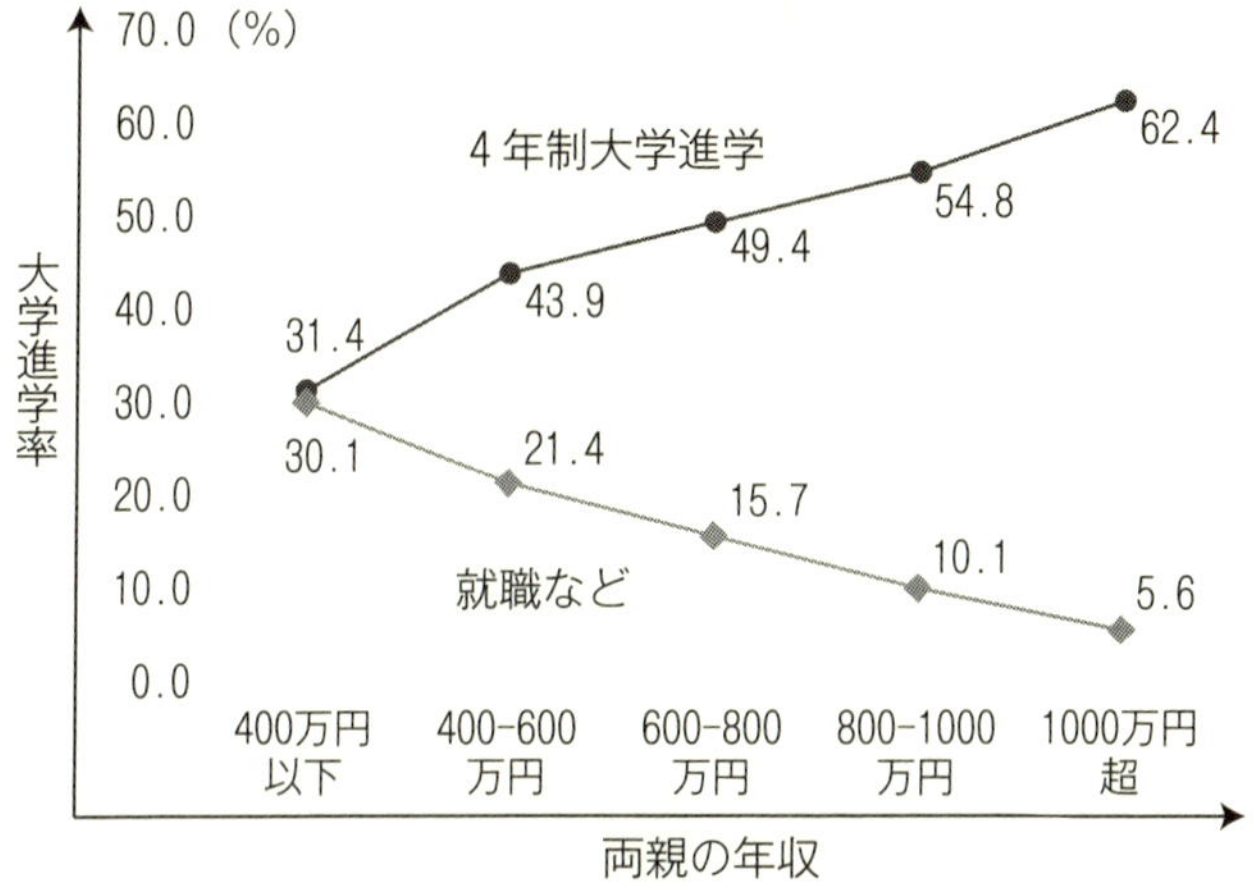

れるということである。

これではよくない。

ではどうしたらよいのか。

格差の是正は、結果の平等ではなく、機会の平等で対処するのが本来の在り方だ。結果の平等では、どうしても社会の活力が失われてしまうからだ。大学への進学も、教育投資を充実させて機会の平等を確保し、それによって格差をなくしていく。本人が努力すれば報われる社会を作っていくことが大事である。

めざすのは、誰もがチャレンジできて、社会からドロップアウトさせない社会であり、教育はそういう社会の実現に向けたセーフティネットの役割を果たさなければいけない。生涯どの時点でも学び直すことが可能で、いつでもやり直せる生涯学習社会を作っていく必要がある。

教育は子供にとっても大切であるが、大人にとっても大切である。就職していったん社会に出た人が転職や再就職をしようとしても、ステップアップはなかなか難しい現実がある。

もう一度、高校、大学、大学院、あるいは専門学校や専修学校に入って学び直しができるような社会の仕組みを作り、それを社会全体で支えていけたら理想的だ。これからの日本はそういう方向に行くべきではないだろうか。

二〇二〇年のビジョンその3

少子化の克服

③は少子化の克服である。少子化の原因を探ってみると、「子育ての不安要因」としては、「経済的負担の増加」が七〇・九％で一位。「仕事と生活・育児の両立」（四五・九％）、「保育所などの保育サービスの不足」（三五・三％）などよりも断然数値が高い。「理想の子供数を持たない理由」としては、「子育てや教育にお金がかかりすぎるから」が六〇・四％でやはり一位。「経済的な負担として大きいと思われるもの」としては、「大学等の学校教育費」が五五・六％で一位、「保育所・幼稚園等にかかる費用」が三九・一％で三位、「小中

図７　少子化に関するアンケート

理想の子供数を持たない理由

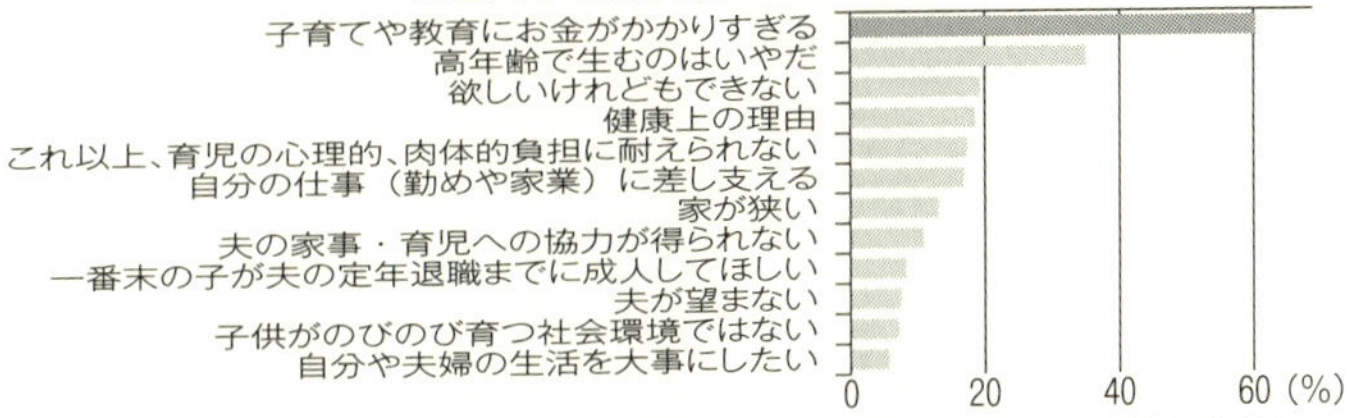

出典：国立社会保障・人口問題研究所「第14回出生動向基本調査　結婚と出産に関する全国調査」（2010）

子育てにかかる経済的な負担として大きいと思われるもの

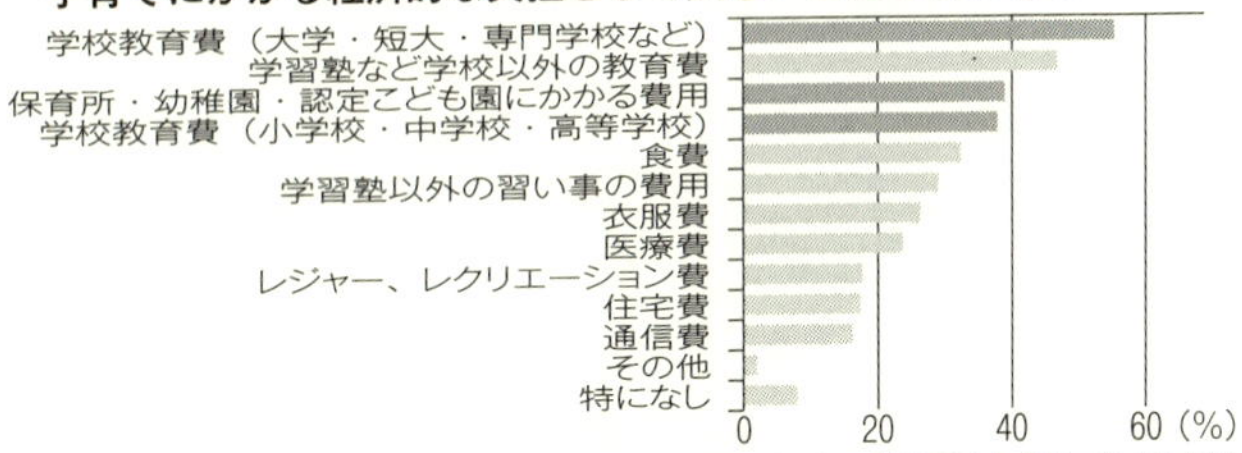

出典：内閣府「子ども・子育てビジョンに係る点検・評価のための指標調査報告書」（H25）

高校の学校教育費」が三八・〇％で四位となっている（図７参照。「子育ての不安要因」「経済的な負担として大きいと思われるもの」は、「子ども・子育てビジョンに係る点検・評価のための指標調査報告書」平成二五年、内閣府による。「理想の子供数を持たない理由」は、「出生動向基本調査」平成二二年六月、国立社会保障・人口問題研究所による）。

　少子化の要因を取り除くため、幼児教育・保育の無償化をはじめ「二〇二〇年のビジョン」に示した諸々の政策を実行した場合、一夫婦当たりの子供数が二・〇七人

図８　60年後の日本の二つの姿

現在の姿（2014年）

	総数	0～14歳	15～64歳	65歳以上
人口	1億2,700万人	1,600万人	7,800万人	3,300万人
割合	―	12.7%	61.3%	26.1%

対策を講じなかった場合

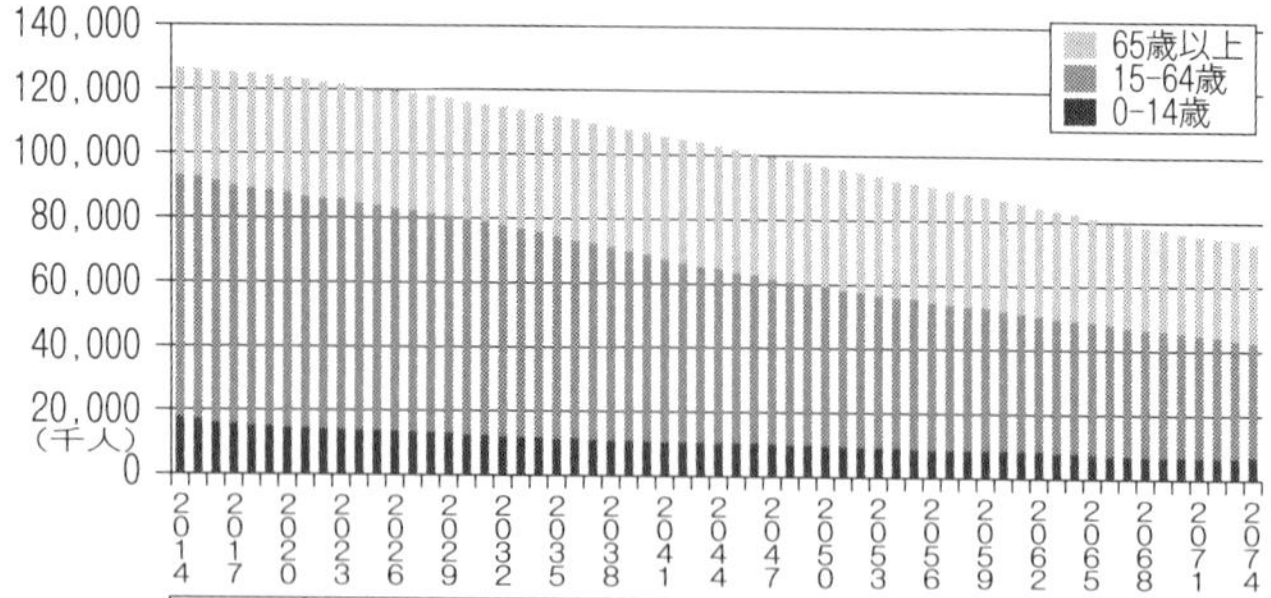

60年後（2074年）の姿

	総数	0～14歳	15～64歳	65歳以上
人口	7,300万人	600万人	3,600万人	3,100万人
割合	―	8.6%	49.7%	41.7%

教育費負担軽減による出生率回復シナリオ（推計例）

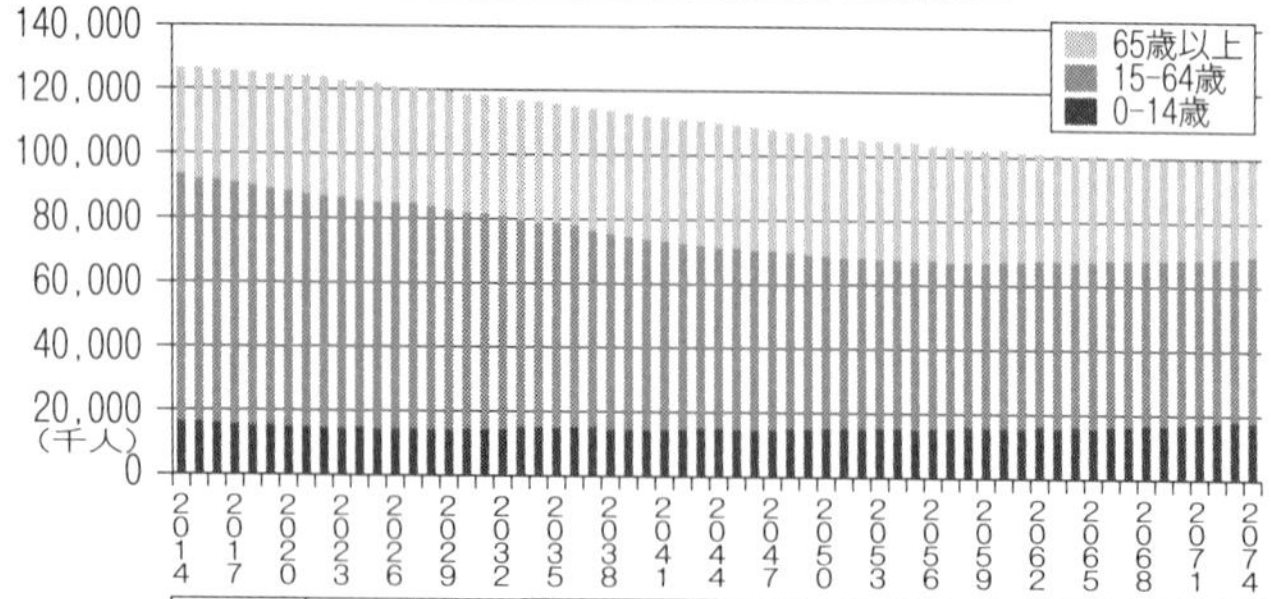

60年後（2074年）の姿

	総数	0～14歳	15～64歳	65歳以上
人口	1億100万人	1,800万人	5,200万人	3,100万人
割合	―	18.1%	51.5%	30.3%

幼児教育・保育の無償化など教育費負担軽減により、出生数が５％程度上昇（1夫婦当たりの子供数が2.07→2.17に上昇）

※「日本の将来推計人口」（H24.1 国立社会保障・人口問題研究所）などをもとに作成。
※「出生率回復シナリオ」は、幼児教育･保育の無償化など教育費負担軽減により、出生数が５％程度上昇（「出生動向基本調査」（H22.6 国立社会保障･人口問題研究所）をもとに推計）したものとして推計。

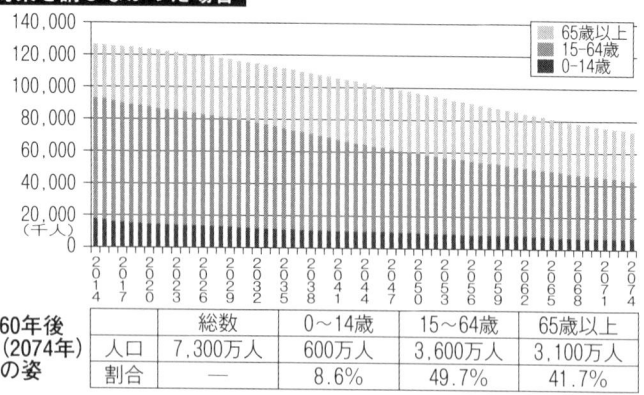

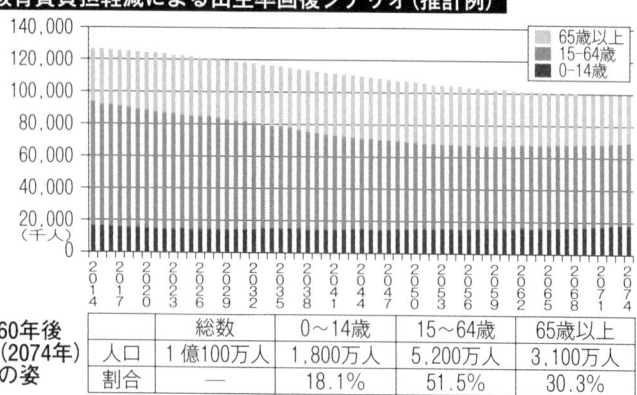

から二・一七人に増え、出生数は五%程度上昇することが見込まれる。教育投資を充実させることで少子化の克服が可能になるということである。

図8の上側は、このまま対策を講じなかった場合の六〇年後の姿を示したものである。人口総数は七三〇〇万人にまで落ち込んでしまう。下側は、教育費負担軽減による出生率回復のシナリオを描いたもの。このケースでは、人口総数は一億一〇〇万人。今より人口は減るけれども、少子化はかなりの程度食い止められている。これが危機を乗り超えた後の二〇六〇年の日本の姿ということになる。

希望の持てる社会を作ることが政治の役割

最後に「二〇二〇年教育再生に向けたグランドデザイン」に戻って、改めてこれまでの議論を整理しよう。

わが国の教育への公財政支出は現在、GDP比で三・八%とOECD諸国（平均五・八%）で最低の水準にとどまっている。公財政支出が少ないということは、その分、家計の負担が重いことを意味する。

教育費の多くを家計が負担しているのは、決してよいことではない。家庭の経済状況が子供たちの学力や進学に影響を与えることになり、裕福な家庭はいいけれども、そうでない家庭は負担の重さにあえぐことになるからだ。子育ての不安要因ともなり、少子化につながってしまう。また、低所得層では格差の固定化や貧困の連鎖をもたらすことになる。

教育の質の低下も大きな問題で、一人ひとりが持つ能力・可能性を最大限伸ばすためには、教育の質の向上を図っていく必要があるだろう。

教育立国の実現のためには、繰り返し述べているように、教育の充実、すなわち質の向上と教育費負担の軽減を併せて達成しなければならない。日本の財政が極めて厳しい状況にあるという事実も看過できないが、財政が厳しいから予算を縮小するというのでは、自分で自分の首を締めるようなものだ。

むしろ、今こそ思い切って教育投資を拡大することが、①経済成長・雇用の確保、②格差の改善、③少子化の克服の三つを実現する原動力となるのである。平成二五（二〇一三）年四月に提出された中教審の「第二期教育振興基本計画について（答申）」においても、「将来的には恒久的な財源を確保しＯＥＣＤ諸国並みの公財政支出を行うことを目指す」との方向性が示されている。ＧＤＰ比でＯＥＣＤ諸国並みの財源を確保できれば、日本の教育が抱えている問題の多くは解決できる。参考までに、問題解決の論理（ロジック）を図式的に示したものを載せておこう（図９）。

図９　教育投資充実による効果　ロジックモデル

（出典：文部科学省，平成26年３月）

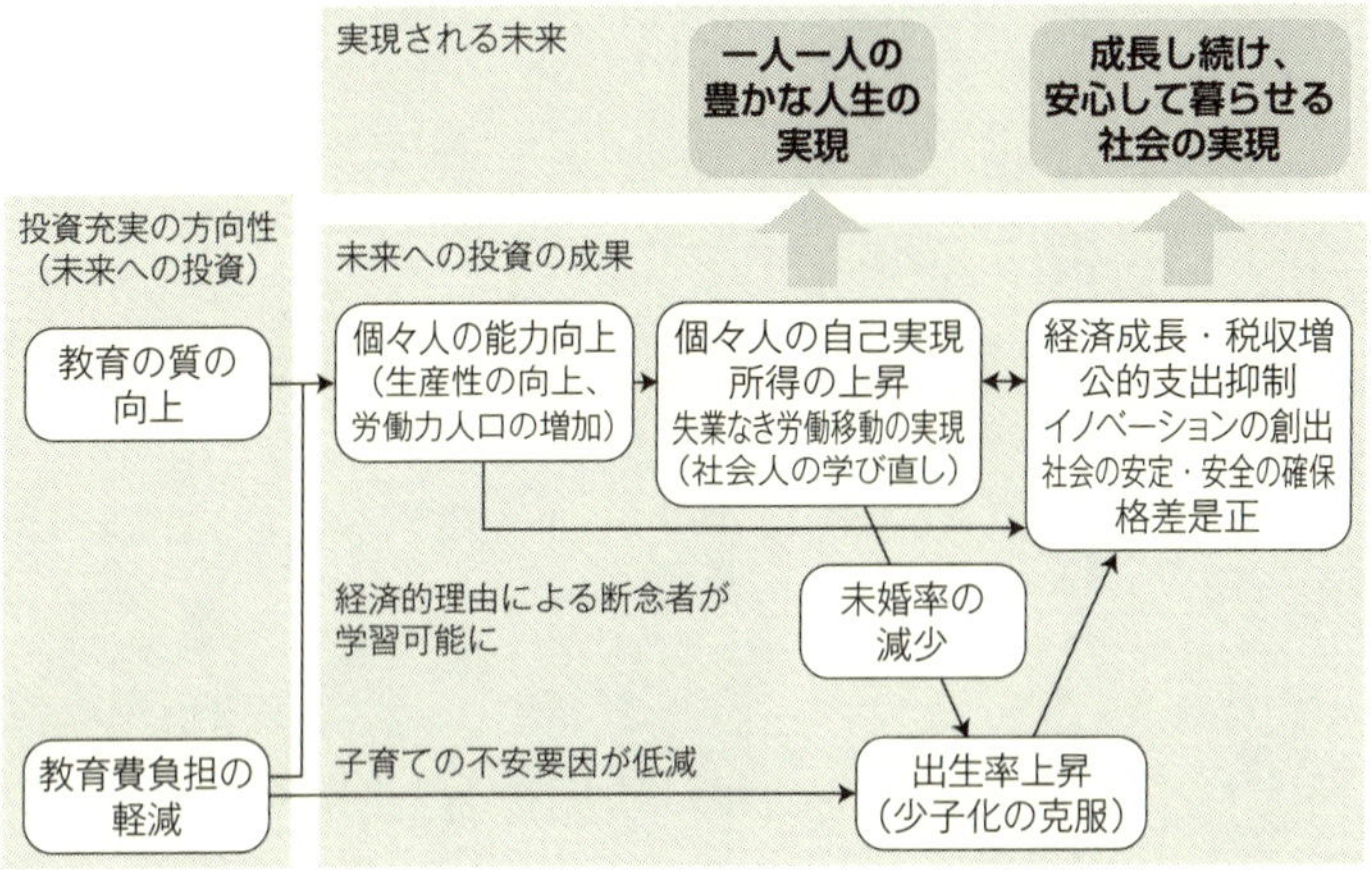

さて、ＯＥＣＤ諸国並みの財源を確保するには、対ＧＤＰ比三・八％を五・八％に上げる必要がある。ＧＤＰ比の二％分金額を増やすには、わが国のＧＤＰが五〇〇兆円弱であるから、その二％で約一〇兆円である。図５の「グランドデザイン」には、二〇三〇年のビジョンとして一〇兆円増やした場合と、二〇二〇年のビジョンとしてその半分の五兆円を増やした場合を出している。半分の五兆円でもこれだけのことができるのだ。これをさらに第一ステップ（二〇一六年まで）、第二ステップ（二〇一七〜二〇二〇年）に分けてロードマップも作成した。

「グランドデザイン」に示したように、一〇兆円増やして二〇三〇年にＯＥＣＤ諸国並みを達成した暁には「高等教育無償化の拡大」が実現される。たとえば大学生の学費負担の軽減は、これから無利子奨学金の充実、返済不要の給付型奨学金の導入、本格的な所得連動返済型奨学金の導入、授業料減免の充実などを考えていく予定だが、二〇二〇年までにまずこれらを軌道に乗せて、その上で二〇三〇年にはできるだけ無償化に近いところへ持っていきたい。

若い人が将来のことを考えたとき、子供の教育費が大変だということで不安感が大きいのはよく分かる。子供二人を大学にやるのに二六〇〇万円もかかるというのでは、不安にならない方がおかしいだろう。「一人でやめておこう」とか「いなくてもいいかな」「夫婦二人でやっていくだけで精一杯だ」などと悲観的な心理に陥るのも無理からぬところだ。

こうした悲観的心理を払拭して、もっと将来に希望の持てる社会を作っていくのは政治の役割である。

めざすは「世界でいちばん一人ひとりの能力と可能性を伸ばせる国」

私は四年前、『下村博文の教育立国論』を出版して、教育立国についての自らの思いと所信を明らかにした。今回、日本再生のビジョンを検討する中で、「日本は教育立国に向けて進むべきだ」という年来の私の信念が、より明確に裏付けられたと感じている。日本がめざすべき方向性はこれしかない。教育こそがわが国を生かす道である。

このままでは日本は衰退に向かわざるを得ない。その厳しい現実を未来志向で変えていくには、教育の質を高め、家計の教育費負担を減らす教育投資の拡充が必須なのである。それによって少子化を克服すると同時に、ＧＤＰの減少を食い止めていく。そればかりでなく、一人ひとりの付加価値を高めていく。人口がある程度減っていくのはやむを得ないかもしれないが、一人ひとりの豊かさは確保できる。その唯一のツールは教育であり、教育によってしか成り立たないのだ。

私はすべての国民に、質の高い教育の機会を提供したい。これからは生涯学習の時代である。子供も大人も夢を追い、志を立てて、その実現に向けて果敢にチャレンジできるような世の中にしていきたい。国が環境整備をして、一人ひとりが自分の能力・可能性を最大限伸ばし、自分の付加価値を高めて豊かな人生を実現する。それによって国もまた豊かになるのである。

これは決して国が国民に対し無理やり勉強しろと強制するものではなく、あくまで環境を整え、お膳立てをするということである。その環境をどう生かし、どう使うかは国民一人ひとりの判断である。だが、環境は作っておきたい。それはまた多くの国民が国に求めていることでもあるのだ。環境整備を国がきちんとやるかどうかが、結果的にその国の盛衰にもつながってくるのである。

いくら綿密なビジョンを作っても、実現しなければ意味がない。掲げるだけでは、ただの紙切れである。

「二〇二〇年のビジョン」「二〇三〇年のビジョン」を絵に画いた餅に終わらせることなく、ロードマップに従って、その実現に向けて全力を尽くしたい。

そして、「わが国は世界でいちばん一人ひとりの能力・可能性を伸ばせる国だ」「日本は世界で最もチャンスにあふれた国だ」と、誰もが誇りに思えるような国を創っていきたい。

さて、そろそろ紙幅も尽きた。

私は今年五月に還暦を迎えた。長いようで短いあっという間の六〇年である。

「政治家になりたい。教育改革をやりたい」という志に導かれてここまで全力疾走してきた。念願かなって文部科学大臣となり、安倍内閣と歩調を合わせて思う存分、教育改革に腕を振るえることに改めて感謝している。

だが、私は個人の幸せを求めて文科大臣になったわけではない。

子供たちが自信と誇りを持って生きられるように、国民が幸せに生きられるように、私の頭にあるのはそのことだけである。一人ひとりが豊かになることで、この国が豊かになり、栄えていくのである。

同時に、政治家たる者、為政者たる者、この国の舵取りを間違えてはいけないと思っている。大きな方向性を決めて国民を引っ張っていくのも大事な役目である。それが安倍内閣の「経済と教育で日本を再生させる」「日本を取り戻す」という方針の意味するところでもある。

今後いかなる職責にあろうとも、日本国の自己実現のために、そして国民の幸せのために、不断の精進を続ける覚悟である。

おわりに

世界が認めた！　日本こそ新しい教育モデル実現に最適の国

本年四月、ＯＥＣＤ（経済協力開発機構、本部パリ）のアンヘル・グリア事務総長が来日した折、事務総長から私に「二〇三〇年の新しい教育モデル」をＯＥＣＤと日本（文部科学省）で共同開発したいという提案があった。その後、安倍総理との会談でも同様の提案がなされている。

「二〇三〇年の」という形容詞は、「二一世紀型の」とか「二一世紀に求められる」といった意味合いで捉えていただくのがよいだろう。

ＯＥＣＤは二つの点で日本の教育に注目している。一つは、わが国の子供たちの学力水準が高いことだ。一五歳の生徒を対象とするＰＩＳＡ（国際学習到達度調査）で日本は世界トップクラスの成績をあげている。「脱ゆとり教育」への転換が功を奏して、二〇一二年には「読解力」「科学的応用力」が四位、「数学的応用力」が七位と好成績を収めた。ＯＥＣＤ加盟三四カ国に限れば、日本は前二者が一位、後者が二位とＯＥＣＤの優等生なのである。

もう一つは、一方で日本の教育が課題を抱えていることである。OECDの分析によると、日本の生徒は学ぶ動機が比較的乏しい。また、社会で求められる力が急激に変化していること、人口構造が大きく変化していることにより、従来の教育モデルは、もはやそのままでは通用しないとOECDは見ている。

「日本の学校教育システムは、これまで以上に、若者たちが二一世紀社会で求められるスキルや能力を身につけることに重要な役割を果たす必要がある。これらの力は、新しい仕事や、経済成長、そして、活気がありしなやかで強靭な地域を支援するために必要である」とOECD文書は指摘している。

今まさに日本の教育システムは変革を迫られているわけだ。OECDとすれば、高い学力水準を備えた日本こそ新しい教育モデルを開発するのにうってつけの国だということである。開発に成功すれば、日本の教育は同じ課題を抱えるOECD諸国にとって良き手本となるだろう。

日本にとっても、グリア事務総長の提案は時宜にかなったものであった。というのは、本書第六〜第八章で詳しく説明したように、私は今この時を「一〇〇年に一度の大改革」の好機と捉え、少子化・高齢化、グローバル化の大変動を乗り越えられる教育へと転換しなければ、日本の未来はないと考えてきたからである。実際にも、私は「二〇二〇年のビジョン」「二〇三〇年のビジョン」という教育立国のグランドデザインを掲げて、文科省を挙げてその方向へ踏み出そうとしている矢先である。

ＯＥＣＤの考える教育モデルが、方向性において私の教育ビジョンと一致することは、もはや言うまでもないだろう。

ＯＥＣＤはすでに一つの新しい試みを日本で行っている。文科省や福島大学と協議のうえ、東日本大震災の被災地支援として「ＯＥＣＤ東北スクール」プロジェクトを立ち上げたのだ。

このプロジェクトは、福島、宮城、岩手の被災地から参加した中高生約一〇〇人が二年半かけて地域スクールや集中スクールを積み重ね、その集大成として二〇一四年八月にパリでフェスティバルを開き、東北の魅力を世界にアピールするという壮大な試みである。去る五月六日、訪欧した安倍総理はＯＥＣＤ閣僚理事会の基調演説でこのプロジェクトについて取り上げた。シャン・ド・マルス公園で開かれる八月のフェスティバルがどのようなものになるのか、今から楽しみである。

プロジェクトを成功に導くため子供たちに必要とされるのは、リーダーシップ、企画力、創造力、建設的批判思考力、実行力、交渉力、協調性、国際性など、まさにペーパーテストでは測れない多様で実践的な能力である。

今後は、こうしたプロジェクトの成果も取り入れながら、日本を舞台に新しい教育モデルが開発されていくことになるだろう。本書を読まれた方は、基本的なコンセプトは第六章の大学入試改革で述べたところにすでに出ているとお気付きになられたと思う。新しいモデルといっても、すでに方向性は固まっているのである。

わが国の教育モデルが、やがて世界の成熟国家、あるいは日本と同じ課題を抱えた国々の手本となる時代が来ようとしている。それすなわち、教育立国日本の人類に対する貢献ともなろう。そのためにも、まずは日本自体が教育再生をやり遂げなくてはならないのだ。本書がその一助となれば、著者としてこれに勝る喜びはない。

最後になったが、本書の刊行にあたり多大なご協力をいただいた、あしなが育英会の玉井義臣会長はじめ多くの方々、海竜社の下村のぶ子社長、編集に携わった海竜社の逸見海人氏、編集協力の渡邊茂氏、秘書の桊友里子氏にこの場を借りてお礼を申し上げる次第である。

二〇一四年五月吉日

下村博文

◉著者紹介◉

下村博文（しもむら はくぶん）

衆議院議員。

第140代文部科学大臣。

教育再生担当大臣。

東京オリンピック・パラリンピック担当大臣。

昭和29年、群馬県生まれ。早稲田大学教育学部卒業。平成元年、東京都議会議員に初当選。自民党都連青年部長、都議会厚生文教委員会委員長などを歴任して２期７年を務め、平成８年の第41回衆議院総選挙において東京11区（板橋区）より初当選。現在当選６回。

文部科学大臣政務官、法務大臣政務官、自民党副幹事長、内閣官房副長官、衆議院法務委員長、自民党政務調査会副会長、また、あしなが育英会副会長などを歴任し、現在に至る。

著書に『下村博文の教育立国論』（河出書房新社）、『学校を変える！「教育特区」』（大村書店）などがある。
●下村博文公式 Web　http://www.hakubun.biz/

9歳で突然父を亡くし
新聞配達少年から文科大臣に

二〇一四年　六 月十日　第一刷発行
二〇一四年十二月五日　第四刷発行

著　者＝下村博文《しもむらはくぶん》

発行者＝下村のぶ子

発行所＝株式会社　海竜社
東京都中央区明石町十一の十五　〒一〇四―〇〇四四
電　話（〇三）三五四二―九六七一（代表）
ＦＡＸ（〇三）三五四一―五四八四
郵便振替口座＝〇〇一一〇―九―四四八八六
ホームページ＝http://www.kairyusha.co.jp

本文組版＝株式会社キャップス

印刷・製本所＝中央精版印刷株式会社

落丁本・乱丁本はお取り替えします。

ISBN978-4-7593-1369-7　C0095